总　序

没有农业农村现代化，就没有整个国家现代化。党的二十大报告指出：“全面建设社会主义现代化国家，最艰巨最繁重的任务仍然在农村。”报告重申“坚持农业农村优先发展”，并首次明确提出“加快建设农业强国”。

那么如何加快建设农业强国，如何扎实推动乡村产业、人才、文化、生态、组织振兴呢？

2019年，我们组织编写了《新时代乡村振兴百问百答丛书》。3年来，丛书取得较好的社会效益与经济效益，经常有读者通过各种方式表示从这套书中获益。这让我们很受鼓舞。

时代在前进，我们实现了小康这个中华民族的千年梦想，打赢了人类历史上规模最大的脱贫攻坚战。当前，农民群众关心的急难愁盼问题也发生了变化。

据此，我们重新策划选题，按照“农民百事通”的角度重新编写了一套丛书，共有9本。争取贴近农民群众，贴近农村现实，做农民群众的贴心人。

实施乡村振兴战略，组织是保障。组织振兴是乡村振兴的“第一工程”，是新时代党领导农业农村工作的重大任务。为此，我们编写了《乡村党务工作百事通》。

乡村振兴的质量和成色，要靠“绿水青山”打底色。从生产到生活，离开了绿色，乡村就失去了本色。为此，我们编写了《乡村环境保护百事通》。

健全基本公共服务体系，提高农村公共服务水平，是扎实推进共同富裕的重要领域。为此，我们编写了《乡村公共服务百事通》。

产业兴旺是乡村振兴的重要基础，而就业是最基本的民生，外出务工仍然是农民增收的最主要渠道。为此，我们编写了《农民务工兴业百事通》。

党的二十大报告提出“坚持多劳多得，鼓励勤劳致富”“鼓励共同奋斗创造美好生活，不断实现人民对美好生活的向往”。生活富裕是广大农民群众的热切向往。为此，我们编写了《农民增收致富百事通》。

乡村振兴农民百事通系列　主编：何丞

乡村公共服务百事通

盖翊中　周海英　编著

SPM 南方传媒
广东人民出版社
·广州·

图书在版编目（CIP）数据

乡村公共服务百事通 / 盖翊中，周海英编著 . —广州：广东人民出版社，2023.6
（乡村振兴农民百事通系列）
ISBN 978-7-218-16479-3

Ⅰ.①乡… Ⅱ.①盖… ②周… Ⅲ.①农村—公共服务—研究—中国 Ⅳ.①D669.3

中国国家版本馆 CIP 数据核字（2023）第 054621 号

XIANGCUN GONGGONG FUWU BAISHITONG
乡村公共服务百事通

盖翊中 周海英 编著

出 版 人： 肖风华

责任编辑： 卢雪华 李宜励
装帧设计：
插 画： 广州六宇文化传播有限公司 Guangzhou Liuyu Culture Communication Co., Ltd. 谭志坚
责任技编： 吴彦斌 周星奎

出版发行： 广东人民出版社
地 址： 广州市越秀区大沙头四马路 10 号（邮政编码：510199）
电 话：（020）85716809（总编室）
传 真：（020）83289585
网 址： http://www.gdpph.com
印 刷： 广东鹏腾宇文化创新有限公司
开 本： 787mm × 1092mm 1/32
印 张： 5.625 **字 数：** 148 千
版 次： 2023 年 6 月第 1 版
印 次： 2023 年 6 月第 1 次印刷
定 价： 28.00 元

如发现印装质量问题，影响阅读，请与出版社（020-85716849）联系调换。
售书热线：020-87716172

乡村振兴，法治要先行。畅通农民权益保障通道，有助于健全城乡社区治理体系。为此，我们编写了《农民权益保障百事通》。

人民健康是民族昌盛和国家强盛的重要标志。乡村要振兴，农民健康须先行。为此，我们编写了《农民卫生保健百事通》。

提升农民群众的防灾减灾意识，减轻、避免自然灾害造成人员伤亡和财产损失，有助于巩固脱贫攻坚成果，全面推进乡村振兴。灾害会让农村片瓦不留，诈骗同样会让农民倾家荡产。为此，我们编写了《农民遇险自救百事通》和《农民预防诈骗百事通》。

我们对编撰者的要求，第一，既然是百事通，那就要设置好“事情”，一定要是农民关心的焦点、难点、热点、痛点、痒点问题。

第二，语言上接地气，通俗易懂，我们要求团队里的教授、专家们放下架子，露出农民本色，就如同面对面回答农民关心的教育、养老、生老病死等问题，用大白话说清楚、讲明白。

第三，不做论文，不做教科书，我们不讲大话，不讲套话，内容实实在在，简单直白地告诉农民朋友怎么办、怎么干、怎么解决问题。

第四，将国家相关的惠农政策也翻译成大白话，让农民朋友知道这项国家政策有什么实实在在的好处。

第五，要有生动鲜活的案例，还要是农民身边的故事，可模仿，可借鉴，或者是引以为戒。

当然，知易行难，是否能达到我们预想的效果，请广大读者朋友检验。另外，鉴于水平有限，差错难免，欢迎批评指正。

丛书主编 何亚

2022 年 12 月

序

党的十九大以来，乡村振兴战略的实施对于加快我国现代化进程、缩小城乡差异、全面建成小康社会都具有重大的意义，也取得了丰硕的成果。2021年4月29日，第十三届全国人民代表大会常务委员会第二十八次会议通过了《中华人民共和国乡村振兴促进法》，使得乡村振兴战略的推进有了法律的保障。该法案指出，国家应发展农村社会事业，促进公共教育、医疗卫生、社会保障等资源向农村倾斜，提升乡村基本公共服务水平，推进城乡基本公共服务均等化；县级以上地方人民政府应当统筹规划、建设、管护城乡道路以及垃圾污水处理、供水供电供气、物流、客运、信息通信、广播电视、消防、防灾减灾等公共基础设施和新型基础设施；应该逐步健全全民覆盖、普惠共享、城乡一体的基本公共服务体系，保障农村饮用水安全，满足农民生产生活需要。

盖翊中和周海英同志编著的这本《乡村公共服务百事通》，聚焦农村教育和养老，重点阐述了医疗、住房、交通、水电气、文化、有线电视、上网、邮政快递、农资、电话通信、殡葬等农村公共服务内容。全书紧跟时代热点，贴近农民实际需要，针对每项农村公共服务，从广大农民朋友关心的农村公共服务利益入手，在对背景、现状、问题及原因进行分析的基础上，为具体解决农民实际工作和生活中面临的教育、医疗、养老等公共服务问题提供政策参考或思路办法。

全书既有明确的政策陈述，也有大量的案例分析，语言简明易懂，数据翔实可信。此书无论是对农民查阅相关服务指引，还是对农村工作者开展相应的管理和服务工作，都具有一定的参考意义和价值。

周国林

2022年12月

（周国林：广东金融学院工商管理学院院长、教授，广州市决策咨询专家库专家）

目　录

七　农村广播电视、网络通信和邮政快递　/93

一　农村教育

1. 在农村要就近入学怎么办

农村教育作为当前中国教育体系中一种主要以教育活动实施场所所在地性质冠名的教育形式，其实质是相对于城市教育、城镇教育而言的。农村教育的实施地，基本是在农村（或者说是乡村）。农村教育所面对的受教育群体，也基本都是农村人口。

农村孩子就近入学是怎么规定的

“就近入学”的“就近”是指离学生家相对较近。由于存在着中、小学学校布局及各中学招收学生人数不同等因素，学生未必能到离家最近的学校上学。当地教育部门会根据实际情况来进行调配，尽量将学区内的学生分配到离家最近的学校入学，这就叫“就近入学”。

俺们村办学校为啥没有了

首先，在农村生活的孩子越来越少，村办学校缺乏生源。如今，在农村生活的孩子越来越少，有两个方面的原因：一是由于20世纪七八十年代，农村实行严格的计划生育政策；二是随着经济的发展，农村孩子的父母进城务工，家里没有人照顾孩子上学，孩子只好随父母进城就读。

其次，村办学校由于生源减少，加上资源不集中，导致教学质量难以提高。村办学校的学生越来越少，老师人数也随之减少，使得其办学条件越来越差。学校应当开设的课程，如音、体、美等课程，常因缺少专业老师而不能开课。再加上学校重复开办，农村学校的老师过于分散，造成教师资源浪费，使得教学条件不达标，教育质量逐渐下降。面对这种情况，教育部门不得不整合村级教育资源，将力量集中到乡镇办学，从而提高整体教学质量。所以，村办学校就逐渐消失了。

由于许多村办学校不复存在，幼儿园、小学和初中都集中到乡镇所在地，或者联村合办的学校，这必然会给很多偏僻村庄的孩子上学带来极大的不便，使其就读困难，不能就近入学。而这些问题可以通过优化教育服务来解决，如开设校车接送服务等。

农村义务教育阶段怎么交学杂费

不用交学杂费。自2006年以来，我国已开始实施农村义务教育经费保障新机制，按照“明确各级责任、中央地方共担、加大财政投入、提高保障水平、分步组织实施”的原则，将农村义务教育全面纳入公共财政保障范围，逐步增加财政投入，建立中央和地方分项目、按比例分担的经费长效保障机制。

在这次改革中，纳入公共财政保障范围的具体项目有：①全部免除农村义务教育阶段学生学杂费，对贫困家庭学生免费提供教科书并补助寄宿生生活费；②提高农村义务教育阶段中小学公用经费保障水平；③建立农村义务教育阶段中小学校舍维修改造长效机制；④巩固和完善农村中小学教师工资保障机制。据测算，实行农村义务教育经费保障新机制后，“十一五”期间中央与地方各级财政累计新增农村义务教育经费约2182亿元，其中中央新增1254亿元，地方新增928亿元。“十三五”时期，中央和地方累计安排城乡义务教育经费保障机制相关资金达5877亿元，年均增长5.4%。这些资金的注入，使我国农村义务教育经费得到长期有效的保障，同时推动了农村义务教育事业健康协调稳步发展。

农村学校的营养餐是怎么规定的

国家在农村义务教育阶段实施学生营养改善计划，面向全国农村义务教育学校，向每个学生每天提供5元的营养膳食补助，标准为每生每年1000元。

看看人家

吃上营养餐　身体更健康

12时10分，伴随着清脆的下课铃声，贵州省铜仁市第十一小学食堂热闹了起来，师生们将营养午餐送到各班教室——豆腐红烧鹅肉、肉末红薯粉、糖醋莲花白、素炒青瓜、紫菜蛋花汤，还有一个红苹果……四年（4）班的陈曦同学打开饭盒，香味扑鼻，说道“我很喜欢学校的午餐，有时候比在家里吃得还好！”

“这些年，随着农村义务教育学生营养改善计划的实施，孩子们的身体越来越棒。”学校副校长吴静介绍，学校80%以上的学生是进城务工人员子女和留守儿童，营养改善计划解决了学生吃饭难的问题，促进了学生健康成长，减轻了家庭经济负担，也解放了大量农村劳动力。

据介绍，2021年秋季学期起，农村义务教育学生营养膳食补助国家基础标准由每生每天4元提高至5元。贵州省启动营养改善计划“提质行动”，让学生不仅能吃饱，还能吃得营养、科学。“午餐现在是两荤两素一汤，每天都有鸡蛋和水果，每周至少提供三次牛奶，孩子们越来越健康了！”吴静说。

这是营养改善计划在各地深入实施的缩影。截至2021年12月底，有28个省份实施营养改善计划，覆盖农村义务教育学校12.38万所。

（摘自《人民日报》，2022年5月5日，有删改）

特困生有没有特别的补助

各个地方会有所差异，根据贵州省学生资助和营养改善计划政策规定，城乡义务教育阶段家庭经济困难学生生活费补助对象为家庭经济困难寄宿生、非寄宿的脱贫家庭学生（原农村建档立卡贫困学生）、家庭经济困难残疾学生、农村低保家庭学生和农村特困救助供养学生。标准为小学寄宿生每生每年1000元、非寄宿生每生每年500元，初中寄宿生每生每年1250元、非寄宿生每生每年625元。

农村孩子要是考不上高中该怎么办

首先，考不上高中的农村孩子，还是应该要接受系统全面的教育。因为他们年龄尚小，心智尚未成熟，还没有长大成人，需要继续努力学习。

其次，考不上高中的农村孩子并不意味着接受学校学历教育的结束。除普通高中外，有职业高中、普通中专、技工学校、高职高专等全日制学校学历教育可供选择；与此同时，还有自学考试、成人教育、电大、网络教育等接受学历教育的方式，只是学习方式与全日制教育不同而已。（注意：农村户籍的孩子接受中等职业教育免除学杂费）

考不上高中的农村孩子，如果由于客观因素和自身原因不想再接受学历教育了，那么为了生存和未来能有更好的生活，应该根据自己的喜好学习一至两门实用技术，积极接受职业技能培训。培训时间有长有短，由自己决定。农村孩子通过培训获得相应的职业技能资格证书，从而能凭一技之长自食其力。

2. 孩子如果进城读书要怎么办

农村户口在城里买了房，孩子能读城里的学校吗

通常，根据学生户籍和监护人住宅情况将学生学位分为四类，按顺序录取。

（1）“三对口”学生，优先就近入学

“三对口”，指的是本地户籍，且自有住宅房产和户籍地址一致，也就是说，“学生＋房＋户口本”三者都在划定学校片区内。

“三对口”入学，一直以来是义务教育阶段孩童入学的基本原则。也就是说，不论你是本来就在这座城市土生土长，还是从农村进城买房后迁入户口，只要符合“三对口”条件，都一样是优先就近入学的。

需要注意的是，“三对口”就近入学，在一些大城市的重点学校，要求特别严格，甚至还有另外的附加要求，比如房屋人均面积、户口迁入年限、一房一生等。

（2）“两对口”学生，尽量就近入学

“两对口”，指的是外地户籍，且自有住宅房产和户籍地址不一致，但自有住宅房产在学校片区内，也就是说，“学生＋房”在划定学校片区内，但是户口不在划定学校片区。

这种情况相对比较多，特别是农村进城买房定居的，大多数都是这种情况。对于“两对口”学生，目前的入学政策是根据就近学校学位情况，尽量安排就近入学。

从目前的情况来看，这种情况的孩童实际入学情况还算比较理想。在农村进城买房比较集中的县城，通常能够满足绝大部分需求。在人口稠密的大城市核心，如果房子划片涉及重点中小学，可能会有一定的入学难度，但是教育部门也会指定相对近一些的

公办学校供家长选择。

（3）“一对口”学生，协调安排就近入学

这种“一对口”学生，指的是本地户籍，落户地址在学校片区内，但学生和监护人在本地均无自有住宅房产，甚至有可能不在划片学区居住。也就是说，只有“户籍”在划定学校片区内，房子不在划定学校片区或者说没有房子，甚至可能都不在这个片区居住。

一般来讲，这种情况比较少，但还是有的，比如集体户或空挂户、户口挂靠亲戚等情况。这种情况，孩童达到入学年龄，家长应该根据需要提出入学申请，由学校及教育部门协调，根据申请人的要求尽量协调安排就近入学。

（4）符合入学条件的“三不对口”学生

这种“三不对口”学生，一般指孩童达到入学年龄，但是无本地户籍、无学校划片区内房产，仅仅只是在学校片区内租房居住。

事实上，这种情况还是不少的，特别是农村父母进城务工的，孩子到了上学年纪，很多就只能送回老家上学，这也是留守儿童较多的主要原因。

像这样的情况，如果是农村进城务工家庭的子女，需要在租房所在地上学的，也是需要提交申请的，由学校及教育部门协调，根据申请人的要求尽量安排就近入学。

实际上，不同的城市可能会有不同的义务教育阶段新生录取政策。当前城市发展快，学校的划片范围会根据生源情况适时调整。除此之外，有的学校也会根据生源情况适时调整招生政策，比如电脑随机派位等。

有些热门学校甚至有一些特别的招生限制要求，比如二手房须入住2年、每户6年读一生等。但是无论如何，在义务教育阶段，所有从农村进城的适龄孩子，都是一定有学可上的。

啥叫积分入学

积分入学，指以积分排名的方式安排外来流动人员入户、子女入读公立学校，进一步推动公共服务均等化。积分一般由基础分、附加分和扣减分三部分组成，通常每年的3月至4月是积分入学申请的时间。例如，广州市在《广州市人民政府办公厅关于进一步做好来穗人员随迁子女接受义务教育工作的实施意见》中提出：凡持有广东省居住证满1年的来穗人员，可为其随迁子女申请入读义务教育阶段小学一年级和初中一年级，根据申请人在广州市稳定职业、稳定住所、依法缴纳社会保险（其中一个险种）的年限等条件任何一项发生地所在区申请积分制入学，该区不能拒绝受理。

积分入学常见问题（以广州市海珠区为例）

问题1：来穗人员的定义是怎样的？

答：《广州市海珠区来穗人员随迁子女积分制入学实施方案》（以下简称《方案》）中所称的“来穗人员”，是指具有外地户籍，在本市行政区域内居住，持有效的广东省居住证满1年或以上的中华人民共和国公民。

问题2：来穗人员为其随迁子女申请海珠区积分制入学需要什么条件？

答：来穗人员为其随迁子女申请积分制入学的条件：申请人须在广州市合法稳定居住且持有在广州市办理的有效的广东省居住证满1年，并且须满足以下两个条件之一：①在海珠区合法稳定居住；②在海珠区就业（创业）并参加养老保险、社会医疗保险、失业保险、工伤保险、生育保险其中一个险种，且申请积分制入学时仍在缴纳。

其随迁子女须符合以下条件：

①申请积分制入读小学一年级的随迁子女：须年满6周岁未满7周岁，且尚未入学。

②申请积分制入读初中一年级的随迁子女：须为当年小学应届毕业生。

问题3：合法稳定居住是指什么？

答：《方案》所指的合法稳定居住是指符合以下条件之一：①拥有海珠区产权住房。②在海珠区合法租赁住房，已在街道来穗人员和出租屋服务管理部门登记备案。

问题4：海珠区来穗人员随迁子女积分制入学什么时候报名？

答：根据《方案》，区教育局、区来穗人员服务管理局每年大约于4月，通过海珠区人民政府官方网站公布当年的积分制入学实施细则(以下简称“实施细则”)，来穗人员可及时关注并按实施细则指引进行报名。

问题5：报名参加海珠区来穗人员随迁子女积分制入学前需要做什么准备？

答：根据《方案》，来穗人员须按“广州市来穗人员积分制服务管理信息系统”平台核定的有效积分申请当年积分制入学排序。因此，建议来穗人员最好于积分制入学申请当年4月1日前登录“广州市来穗人员积分制服务管理信息系统”平台申请积分。

问题6：海珠区来穗人员随迁子女申请积分制入学的流程是怎样的？

答：海珠区来穗人员随迁子女申请积分制入学的流程为：

①确认积分：申请人为其随迁子女申请当年海珠区随迁子女积分制入学前，须在“广州市来穗人员积分制服务管理信息系统”确认“积分制入学”项目的积分。

②网上报名：申请人于当年实施细则中规定的时间登录指定

网站申请积分制入学。

③材料初审：通过网上预审的申请人备齐报名材料，于规定时间到指定积分制入学受理点提交材料进行初审和受理。

④材料复审及公示：相关职能部门根据各自职能对申请人申请积分入学的条件进行复审，并将复审意见提交区来穗人员服务管理局。区来穗人员服务管理局汇总复审结果后向社会公示。

⑤填报志愿：申请人于规定时间内为取得积分制入学资格的随迁子女通过指定网站填报志愿。

⑥安排学位：区教育局按照“积分优先、结合志愿、统筹安排”原则，通过计算机系统分配学位。

⑦学位确认：申请人在规定时间内按相关要求确认录取结果。

⑧报到注册：获得积分制入学资格的来穗人员随迁子女，于规定时间内携带入学材料到录取学校报到注册。

问题7：来穗人员由于个人原因未按要求填报志愿或填报志愿后没有确认或未在规定时间内到录取学校报到，还能继续参加积分制入学其余流程吗？

答：来穗人员未按要求填报志愿或填报志愿后没有确认或未在规定时间内到录取学校报到，均视为放弃积分制入学资格。来穗人员可按当年招生政策为其随迁子女报读合法开办的民办学校。

问题8：填报志愿后，积分制入学学位安排遵循什么原则？

答：区教育局按照“积分优先、结合志愿、统筹安排”原则，通过计算机系统分配学位。当申请人积分相同时，按《广州市来穗人员积分制服务管理指标体系及分值表》指标名称正序依次比较得分高低进行录取。如按上述规则，申请人随迁子女未被志愿学校录取，在申请人同意统筹安排学位的前提下，系统将自动安排未满招生计划的学校学位；如申请人不同意统筹安排学位，将不被录取。

问题9：获得积分制入学资格的随迁子女，政府如何补助经费，经费补助发放到个人吗？

答：对解决随迁子女积分制入学学位的民办学校，由区财政按上级政策标准发放补助。补助费用不直接发放到个人，由接收随迁子女的民办学校按上述标准对随迁子女扣减学费，并于每学期初到区教育局进行学籍审核，凭学籍审核结果领取该学期的补助经费。对解决随迁子女积分制学位的公办学校，由区财政统筹给予项目补助经费用于改善办学条件。各公办、民办学校不得向随迁子女学生收取价格主管部门规定以外的费用。

问题10：随迁子女转学或入户广州后，还能保留积分制入学资格吗？

答：通过积分制入学的随迁子女，在其小学或初中阶段就读期间，如发生转学或户籍迁入广州，则不再保留海珠区积分制入学资格。户籍迁入广州的随迁子女，可向户籍地教育行政部门申请公办学校学位。

问题11：获得积分制入学资格的随迁子女小学毕业后，是否自动获得初中积分制学位？

答：小学升初中需重新申请初中阶段积分制入学。

农村户口免费读技工等中职院校的政策

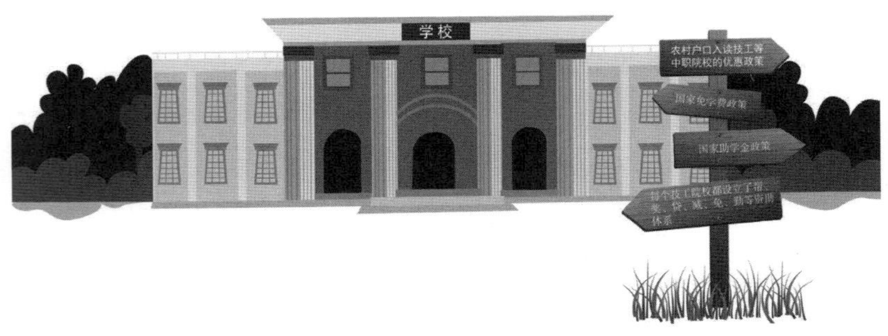

入读技工等中职院校的优惠政策：

①国家免学费政策：对公办中等职业学校（含技工学校）全日制正式学籍一、二、三年级在校生中所有乡村（含县镇）学生、城市涉农专业学生和家庭经济困难学生免除学费（艺术类相关表演专业学生除外）。

②国家助学金政策：从秋季学期起，将助学金政策覆盖范围调整为一、二年级涉农专业学生和非涉农专业家庭经济困难学生。

③每所技工院校都设立了帮、奖、贷、减、免、勤等资助体系，帮助勤奋而有才华的学生不因家庭经济困难而辍学。

3. 农村教育质量

农村家长的教育观念也要改改了

我国的农村教育水平落后，不仅是因为长期以来的经济发展拉开了差距，还与家长教育观念落后、家庭教育缺失等有关。农村家长为了孩子的教育，自身也要不断学习。

据调研和调查发现，农村家长的教育观念普遍较为落后，总结起来大致有这么几点：

第一，“成绩好就是好孩子”的落后观念。这一观念源于农村长久以来形成的“光宗耀祖”“光耀门楣”的传统，导致了农村家长无限放大应试教育的重要性，从而忽视了素质教育的重要性，使孩子在成长中缺乏必要的“社会性”这一人的本质属性，继而使孩子长大后难以适应社会发展。

第二，读书无用论。这是和第一种观念相对立的另一个极端，其主要来源于一些进城务工的家长在其工作环境中得来的偏激观念，认为赚钱才是第一要务，认为直接参加工作是最重要也是最快的挣钱途径。因此，他们会迫使孩子放弃可能颇为光明的读书道路，转而进入职业技术学校去学习技术。在剥夺了孩子自主选择权力的同时，也挫伤了农村教育的积极性。

第三，“我不懂怎么教孩子，老师，我的孩子就全权交给你负责了”。许多农村家长不懂如何教育孩子，而且为了生存生活也没有时间和精力教育孩子，由此引发前述令人颇为无奈的观念。但是，缺乏家庭教育的教育是不完整的，老师也没办法在一个孩子身上投入太多精力，这会导致部分孩子人格、情操和道德上的不完整或不健全。

第四，“棍棒底下出孝子”。孩子只要“不听话”或者做事不称家长心意，便会遭到打骂。诚然，如果孩子真的有错，那么严肃的教育是必要的，但是绝不应该是体罚和暴力。无端、过分的打骂会让孩子心理不健全，导致孩子容易走向暴力或自卑自闭的极端，从而产生不可挽回的后果。

农村孩子的家庭教育不可缺少

为了生活，农村、山区的青壮年普遍都选择进城务工，把孩子留在农村或山区，让家里的老人帮忙照顾。这导致孩子从小缺乏父母的陪伴，得不到完整的家庭教育。尤其是大多数农村家庭的老人非常溺爱自己的孙子孙女，但老人仅能照料孩子的衣食生活，对于孩子的学习及道德品格却缺乏科学引导。因此，缺乏父母及时有效的教育，导致部分儿童自控能力差，自律意识不强，在行为举止上容易走偏，在心理和性格上存在着各种各样的问题。家庭教育的缺失不仅使一些孩子失去了美好未来，还为农村教育带来了许多负面评价。

乡村教师的待遇如何保障

要提高农村教育质量，必须同步提高乡村教师的待遇。《中共中央　国务院关于全面深化新时代教师队伍建设改革的意见》第22条指出：大力提升乡村教师待遇。深入实施乡村教师支持计划，关心乡村教师生活。认真落实艰苦边远地区津贴等政策，全面落实集中连片特困地区乡村教师生活补助政策，依据学校艰苦边远程度实行差别化补助，鼓励有条件的地方提高补助标准，努力惠及更多乡村教师。加强乡村教师周转宿舍建设，按规定将符合条件的教师纳入当地住房保障范围，让乡村教师住有所居。拿出务实举措，帮助乡村青年教师解决困难，关心乡村青年教师工作生活，巩固乡村青年教师队伍。在培训、职称评聘、表彰奖励等方面向乡村青年教师倾斜，优化乡村青年教师发展环境，加快乡村青年教师成长步伐。为乡村教师配备相应设施，丰富精神文化生活。

看看人家

现在农村人对孩子教育的重视程度已经超出你想象

现在的农村，对孩子的教育观念与以前已经完全不同。以前农村人送孩子上学就是为了读书识字，告别文盲。现在的农村人送孩子读书的目的也像城里人一样，是为了考上大学。

为了实现这一目标，很多农村家长会千方百计地把孩子送到条件好一点的学校，甚至是私立学校读书，并专门安排人陪读。在各个乡镇和县城都可以见到来自农村的陪读大军，可谓代价巨大。农村这种教育观念的转变我认为主要有以下几个方面的原因：

首先，家长亲身体验了没有文化的痛苦。现在有很多农村人都到外面打过工或是正在打工，从这些人的口中经常会听到这样的故事：自己在某某厂干得很出色，经理决定把自己提为班或是车间负责人，可是由于自己文化太差，写不出几个字，转而提拔了别人。

错失这样的机遇，无疑会让人觉得可惜。有了这样的亲身经历，大多数农村人表示无论如何都要努力送孩子读书，就算考不上大学，将来出来打工，也不会像自己一样吃没有文化的亏。

其次，农村家庭越来越富裕。在古代，读书几乎是富人的专利，一般的老百姓是不会送孩子读书的。由于读书太费钱，而产出又几乎看不到，在这种情况下农村孩子读书自然得不到重视。可是现在农村人到城里务工，家庭经济条件已经今非昔比，大多数农村人都已经住进了楼房，开上了小车，逐渐步入小康生活。对于读书，不管是高中还是大学，都完全有能力承担，教育自然也得到重视。

再次，大学扩招为农村孩子开启了接受高等教育的大门。一直以来，农村教育和城市教育的差距还是非常大的，以前的农村孩子要想考上大学那几乎是难于上青天的事。通常情况下一个农村家庭一旦有孩子考上了大学，那消息会瞬间传遍十里八乡，因为那时候的大学招生名额有限，上大学几乎是城里人的事，农村孩子能上大学几乎就相当于买彩票中大奖。可是现在，全国高校都扩招，这为农村孩子上大学提供了最大的可能。

最后，国家的重视。现在国家充分重视教育，注重全民素质的提高，这自然也包括农村孩子。对农村教育的投入在不断增加，学习环境得到改善的同时，读书改变命运的观念也深入农村人的心里。此外，国家大力扶持农村教育，教科书免费，提供营养餐、助学贷款、贫困补助，高考少数民族加分，高考招生农村专项政策等，这些政策都激励着农村家庭更加重视孩子的教育。

（摘自“无言说事”公众号，2018年5月21日，有删改）

农村孩子接受的教育一定会越来越好

当前，农村孩子可以享受的教育方面的福利主要有：为学前农村儿童提供普惠性学前教育资助；免费的九年制义务教育；作为农村学生，伙食营养将会得到改善；如果是寄宿生，政府会提供一定的生活补助；如果继续接受中等职业教育，国家会提供助学金；中等职业教育免除学杂费；进入普通高中就读的孩子会享受到国家助学金；普通高中贫困建档立卡等家庭经济困难学生免除学杂费。

此外，政府也对农村教育体系的各个方面进行升级改造，让农村孩子接受的教育越来越好。

义务教育学校进行标准化建设或改造。以边远农村地区为重点，新建和改扩建校舍、运动场地、食堂（伙房）、厕所、饮水等设施，全面改善农村地区义务教育学校基本办学条件，逐步推进未达标城乡义务教育学校校舍、场所标准化。

推进开展学前教育行动计划。加强普惠性幼儿园建设，新建、改建和扩建一批公办幼儿园，全面保障农村适龄儿童的入园需求。

加强教师队伍建设。实施农村教师支持计划；逐步扩大农村教师特岗计划实施规模；实施农村地区中小学首席教师岗位计划，加大“国培计划”（中小学教师国家级培训计划）对农村地区教师、校长培训的集中支持力度；加强农村学校音、体、美等师资紧缺学科教师和双语（主要为英语）教师培训。

开展教育信息化建设。加快推进“三通两平台”（“三通”指宽带网络校校通、优质资源班班通、网络学习空间人人通；“两平台”指教育资源公共服务平台、教育管理公共服务平台）的建设与应用，继续提升农村中小学信息化水平，通过政府购买服务等方式支持国家级优质教育资源平台建设。

落实中小学教师平均工资收入水平不低于或高于当地公务员平均工资收入水平政策，教师职称评聘向农村学校教师倾斜，符合条件的农村学校教师纳入当地政府住房保障体系，落实并完善农村教师生活补助政策。

继续改善乡镇寄宿制学校办学条件，保留并办好必要的农村小规模学校，在县城和中心镇新建或改扩建一批高中和中等职业学校。

看看人家

四川“嘉祥班”全科支教模式

四川省从各大中城市选派优秀教师到阿坝、甘孜、凉山支教的活动已经开展近20年，为民族地区的教育发展起到了良好的推

动作用。嘉祥教育集团2018年开始的支教，较以往的支教有了创新——这是四川省首次派出可以承担高中全科教学任务的优秀教师团队到民族地区学校驻扎，并具体承担一个班的全学段教学任务，着力于为当地教育发展培育“样本”。

一个民办教育集团主动派出一支支教团队到小金县深耕3年，改变的不仅仅是“嘉祥班”的孩子们，更给目前正在实施的县域普通高中办学水平提升计划带来了一种新的模式。

这个班的3名主科教师都不是小金中学的老师，也不是当地人，而是四川嘉祥教育集团（以下简称“嘉祥”）派到这里支教的——2018年6月12日，嘉祥与小金县政府签约，承诺派出6名从该集团各学校中公开选拔出来的优秀教师，赴小金工作至少3年，帮助小金中学提升教育水平，提高教学质量。2019年，嘉祥又选派了5名教师赴小金，办起了第二个“嘉祥班”。据了解，嘉祥2018年选派的6名教师，不仅承担了“嘉祥班”的主课，也担任其他班的教学工作。

一晃三年即将过去，这种全新支教模式的效果已经初步显现：嘉祥锦江校区校长助理、赴小金支教团队负责人十分感慨：从“一诊”“二诊”的情况来看，今年小金中学本科“硬上线”的考生数量相比小金中学历年上线人数平均值将大幅提升。

（摘自《成都日报》，2021年5月20日，有删改）

二　农村养老

1. 我国农村人口老龄化带来养老新问题

我国农村人口老龄化情况

第七次全国人口普查数据显示，60岁及以上人口为26402万人，占18.70%（其中65岁及以上人口为19064万人，占13.50%）。与2010年相比，60岁及以上人口的比重上升5.44%。中国社会科学院农村发展研究所发布的《中国乡村振兴综合调查研究报告2021》显示，农村全体人口中60岁及以上人口的比重达到了20.04%，65岁及以上人口的比重达到了13.82%，农村地区的人口老龄化程度超过全国情况。（说明：全国人口普查没有公布

农村老年人数据，也没有区分城镇和农村。因此，农村老年人数据采用中科院报告的数据）

按照国际标准，我国农村完全达到了“老龄化社会”的标准。

农村人口老龄化对养老提出新要求

（1）亟须“不愁看病”的健康养老。农村养老服务对象多以70～90岁老人为主，这群人常伴有糖尿病、高血压等慢性疾病，迫切需要更为专业、及时的医疗保健服务。当前，医疗机构和养老机构互相独立、自成系统，养老院不方便就医，医院里又不能养老，医养分离问题直接影响了农村养老工作的进展。

（2）亟须“不离开家”的就近养老。“养儿防老”的思想观念根深蒂固，很多农村群众故土难离，不愿脱离生活了一辈子的“交际圈”“亲友圈”，更乐于接受的是既入住养老院，又不离开“家”的养老服务形式。

（3）亟须“不多花钱”的低价养老。农村老人社会化养老的经济承受能力一般为每月几百元，最高不超过千元。农村养老支付能力较低，难以承受市场化的养老服务水平，迫切需要收费水平较低的养老服务。

2. 目前农村的养老方式

养老金养老

现在大部分农村老人都有养老金，即便是以前没有缴纳居民养老保险的老人，也在居民养老保险实施之后享受了一份居民基础养老金的待遇。不过这个养老金待遇相对来说是比较少的，虽然不多，但也是农村老人养老的收入来源之一。

劳作养老

对部分农村老人来说，如果身体比较硬朗，是可以在农村找一些农活干的，比如到菜园工作、给一些小工厂打打工，甚至政府部门也会找一些人维持街道的环境等，这些劳作都不需要太多的体力，相对比较轻松，老人一天也能有几十元的收入。另外，在农村，老人基本都有自己的田地，在地里种一些瓜果蔬菜，每日的蔬菜基本是不用买的。每年的种地收入虽然不多，但也可以补贴一部分的养老开支。

子女养老

相较于前两种养老方式，子女养老才是根本。如果农村老人身体比较好，那么前两种养老方式基本上是足够的，子女只需要逢年过节给老人一些钱就够他们养老了。但如果老人的身体有疾病，通常就需要子女照顾才能安心养老。

3. 农村养老的出路与解决方法

目前农村养老条件不适合传统家庭式养老

目前，农村老人很难再像从前那样，将养老的重任完全寄托在子女身上。迫于生活的压力，他们的子女不得不在外打工挣钱，因而无暇照顾老人，多数是将老人留在农村。再或是子女轮流回家照顾父母，或花钱在村子附近雇个保姆为年迈的父母洗衣做饭、收拾卫生。但由于经济的原因，大部分家庭是没有能力花钱雇保姆照顾老人的，所以只能靠老人之间互相照顾，甚至是自行照顾。

另外，在大多数农村地区，也缺少专项经费去支撑农村养老事业的发展，加之没有众多的志愿服务团队和机构来为农村养老提供周全的服务，所以始终未能构建成熟健全的农村养老体系。农村地区极度缺乏能为居家养老提供专业化和高水平服务的人员，这也导致农村地区的老人只能依靠自己的子女或者花钱雇佣周边的家庭主妇来照料和看管老人们。由于这些被雇佣的人未经过专业的培训，缺乏专业的服务技能，只能提供一些生活上的基本照料，面对突发情况则惊慌失措，容易产生无可挽回的结果，令人遗憾。

怎么解决农村养老问题

农村养老是养老服务体系建设的重要组成部分，也是养老服务均等化发展的短板。党中央、国务院高度重视农村养老服务工作，《国务院关于加快发展养老服务业的若干意见》明确提出，要加大对基层和农村养老服务的投入，统筹城市和农村养老资源，促进基本养老服务均衡发展；通过健全服务网络、拓宽资金渠道、建立协作机制等多种措施，切实加强农村养老服务。民政部会同财政等部门不断加大投入，协同推进农村养老服务发展。

2022年中央一号文件强调，“加强基本公共服务县域统筹”

“提升县级敬老院失能照护能力和乡镇敬老院集中供养水平，鼓励在有条件的村庄开展日间照料、老年食堂等服务”。

未来可以整合城乡医疗和养老资源，探索创建“医养一体、两院融合”的医养结合养老新模式。

（1）支持医疗机构拓展优质养老服务。二级及以下医疗卫生机构转型医养服务。推进医疗机构内设养老服务功能，增加医养结合服务供给。鼓励综合医院、中医医院在养老机构设立分支机构或在托管养老机构内设医疗卫生机构，为入住养老机构的老人提供嵌入式医疗卫生服务。

乡级医疗卫生机构拓展医养服务。乡镇卫生院依托基本公共卫生服务项目、老年健康与医养结合项目，拓展乡镇医疗卫生机构的养老服务职能。提高康复、护理床位占比，根据服务需求增设老年养护、安宁疗护床位。鼓励各级疗养院、城乡诊所、医务室、康复医院、护理院等医疗卫生机构提供医养结合服务。

村级卫生室兜底医养服务。村卫生室，通过托管、协议服务等方式与农村幸福院“联姻共建”，为农村老人健康养老实现托底保障，减轻失能半失能老人、孤寡老人、留守老人等特殊群体的生活负担。

（2）开通“一键通村医”功能，对农村群众精准施救。为更好地解决农村群众就医“最后一公里”问题，可为居家失能、半失能人员设置手机“一键通村医”功能，确保相应的健康服务及时到位。

（3）探索推行农村长期护理险制度，创建“多方共担”资金筹措机制。科学测算失能老人护理费用，找准农村群众可承受、财力可承担的契合点，确定长期护理险缴费标准，实行“全民缴费＋财政补贴＋医保统筹基金＋福彩公益金补助＋社会捐助”多方共担资金筹措机制。

看看人家

“四种模式”破解农村养老难题！咸宁上榜全国居家和社区养老服务改革试点优秀案例

2019年，湖北省咸宁市获批国家居家和社区养老服务改革试点城市。作为一个“七山一水两分田”、农业农村占较大比重的城市，为破解农村养老难题，咸宁市围绕农村闲置土地、房屋、场所做文章。探索推进田园养老综合体、乡村养老合作社、互助养老中心户、开放多元幸福院四种模式，整合农村闲置资源，发展以地养老、以房养老、互助养老新模式，有效满足了农村老年人多层次多元化的养老服务需求，切实提升了他们的幸福感、获得感和安全感。

在打造田园养老综合体方面，咸宁市结合城企联动普惠养老专项行动，推出支持养老政策43条，鼓励有实力、有爱心的企业到农村，通过土地流转、房屋租赁等方式整合农村闲置土地、住房，建设集生态观光、健康农产品消费、果蔬采摘、特色农业体验和养老服务于一体的田园养老综合体。同时，优选入驻企业。

在打造乡村养老合作社方面，民政部门以奖代补，镇、村两级协调扶持，积极引导乡贤能人通过土地入股、投资投劳等方式领头兴办农业生产和养老服务相结合的乡村养老合作社。

在打造互助养老中心户方面，鼓励有爱心、有能力的村民将自建房屋改造成居家养老服务场所，允许适当收取服务费用。政府对其中做得好的给予适当的以奖代补，使其能充分体现公益，并实现持续运营。全市有48个农村互助照料中心建在居民家中。

在打造开放多元的幸福院方面，近年来，咸宁市共投入建设、运营资金3000余万元，建设农村老年互助照料设施650个，覆盖率达73%。

四种模式的综合运用，有效解决了咸宁市农村养老服务设施供应不足、互助照料中心运转不畅、一些村民养老金不足等问题。

（摘自《香城都市报》，2022年3月10日，有删改）

4. 城乡居民养老保险

2014年2月21日，国务院发布《关于建立统一的城乡居民基本养老保险制度的意见》，在总结新型农村社会养老保险和城镇居民社会养老保险试点经验的基础上，将新农保和城居保两项制度合并实施，在全国范围内建立统一的城乡居民基本养老保险（简称：城乡居民养老保险）制度。

哪些人员可以参加城乡居民养老保险

年满16周岁（不含在校学生）、不属于职工基本养老保险制度覆盖范围的城乡居民，可以在户籍地参加城乡居民养老保险。

参保人员个人缴费档次标准是多少

参加城乡居民养老保险的人员应当按规定缴纳养老保险费。缴费标准2014年设为每年100元、200元、300元、400元、500元、600元、700元、800元、900元、1000元、1500元、2000元12个档次，各地可以根据实际情况增设缴费档次。因此，各地缴费标准不同。以广东省广州市为例，2022年参加城乡居民养老保险的人员，个人年缴费标准设7个档次：第一档360元、第二档600元、第三档900元、第四档1200元、第五档1800元、第六档3600元、第7档4800元。参保人自主选择其中一个档次缴费，原则上在一个自然年度内不变。

政府对参保困难的群体有何帮扶政策

各地帮扶政策略有差异。一般来说，对参加城乡居民养老保险的低保对象、特困人员、返贫致贫人口、重度残疾人等缴费困难群体，由政府为其代缴部分养老保险费。部分地方制定了更加优惠的政策，以减轻缴费困难群体的缴费负担。

城乡居民养老保险基金由几部分构成

城乡居民养老保险基金由个人缴费、集体补助、政府补贴三部分构成。

什么是城乡居民养老保险个人账户

国家为每个参保人员建立终身记录的养老保险个人账户，个人缴费、集体补助、政府补贴及其他社会经济组织、公益慈善组织、个人对参保人的缴费资助，全部记入个人账户。个人账户储存额按国家规定计息。

领取城乡居民养老保险待遇的条件是什么

参加城乡居民养老保险的个人，年满60周岁、累计缴费满15年，且未领取国家规定的基本养老保障待遇的，可以按月领取城乡居民养老保险待遇。当地城乡居民养老保险制度实施时，参保居民距60周岁不足15年的，应逐年缴费，也允许补缴，累计缴费不超过15年；距60周岁超过15年的，应按年缴费，未及时缴费的，允许补缴，累计缴费不少于15年。年满60周岁后，符合待遇领取条件的从到龄次月起发放城乡居民养老保险待遇；缴费年限不足的，从补缴城乡居民养老保险费的次月起开始发放城乡居民养老保险待遇。城乡居民养老保险待遇领取人员死亡的，从次月起停止支付其养老金。

城乡居民养老保险待遇由哪几部分组成

城乡居民养老保险待遇由基础养老金和个人账户养老金构成。基础养老金由中央和地方确定标准并全额支付给符合领取条件的参保人。个人账户养老金由个人账户全部储存额除以计发系数 139 确定。

城乡居民养老保险关系如何转移接续

参加城乡居民养老保险的人员，在缴费期间户籍迁移、需要跨地区转移城乡居民养老保险关系的，可在迁入地申请转移养老保险关系，一次性转移个人账户全部储存额，并按迁入地规定继续参保缴费，缴费年限累计计算；已经按规定领取城乡居民养老保险待遇的，无论户籍是否迁移，其养老保险关系不转移。

参保人员死亡后，个人账户有余额的，如何处理

参保人死亡，个人账户资金余额可以依法继承。

三　农村医疗

1. 新型农村合作医疗及农民缴费标准

啥是新农合

新型农村合作医疗（简称“新农合”）是指由政府组织、引导、支持，农民自愿参加，个人、集体和政府多方筹资，以大病统筹

为主的农民医疗互助共济制度。采取个人缴费、集体扶持和政府资助的方式筹集资金。

新农合的缴费标准

2015年的政策明确，各级财政对新农合的人均补助标准在2014年的基础上提高60元，达到380元。

2017年，各级财政对新农合的人均补助标准在2016年的基础上提高30元，达到450元。农民个人缴费标准在2016年的基础上提高30元，原则上全国平均每年达到180元左右。

2023年新农合收费标准最低为每人每年350元，各级继续加大对于居民医保参保缴费补助力度，人均补助标准提高30元，达到每人每年不低于610元。这是新农合交费的最低标准，各地会根据实际情况参照这个标准适当上浮。

2. 新农合报销

新农合的报销范围

新农合的报销范围包括：参加人员在统筹期内因病在定点医

院住院诊治所产生的药费、检查费、化验费、手术费、治疗费、护理费等符合城镇职工医疗保险报销范围的部分（即有效医药费用）。新农合基金支付设立起付标准和最高支付限额。医院年起付标准以下的住院费用由个人自付。同一统筹期内达到起付标准的，住院两次及两次以上所产生的住院费用可累计报销。超过起付标准的住院费用实行分段计算，累加报销，每人每年累计报销有最高限额。

新农合的报销标准

新农合的报销标准如下：

①门诊补偿。村卫生室及村中心卫生室就诊报销60%，每次就诊处方药费限额10元，卫生院医生临时补液处方药费限额50元；镇卫生院就诊报销40%，每次就诊各项检查费及手术费限额50元，处方药费限额100元；二级医院就诊报销30%，每次就诊各项检查费及手术费限额50元，处方药费限额200元；三级医院就诊报销20%，每次就诊各项检查费及手术费限额50元，处方药费限额200元；中药发票附上处方每帖限额1元；镇级合作医疗门诊补偿年限额5000元。

②住院补偿。第一，报销范围：一是药费，辅助检查如心脑电图、X光透视、拍片、化验、理疗、针灸、CT（电子计算机断层扫描）、核磁共振等各项检查费，限额200元；手术费（参照国

家标准，超过1000元的按1000元报销）；二是60周岁以上老人在镇卫生院住院，治疗费和护理费每天补偿10元，限额200元。第二，报销比例：镇卫生院报销60%，二级医院报销40%，三级医院报销30%。

③大病补偿。第一，镇风险基金补偿：凡参加新型农村合作医疗的住院病人一次性或全年累计应报医疗费超过5000元以上分段补偿，即5001～10000元补偿65%，10001～18000元补偿70%；镇级合作医疗住院及尿毒症门诊血透、肿瘤门诊放疗和化疗补偿年限额1.1万元。第二，新农合基金报销支付特殊病种有：恶性肿瘤化疗、放疗；重症尿毒症的血透和腹透；组织或器官移植后的抗排异反应治疗；精神分裂症伴精神衰退；系统性红斑狼疮（有心、肺、肾、肝及神经系统并发症之一者）；再生障碍性贫血；心脏手术后抗凝治疗。其余可报销的特殊病种，以当地具体政策为准。特殊病种的特定门诊治疗包括治疗期间必需的支持疗法和全身、局部反应对症处理，一般辅助治疗不列入报销范围。

新农合报销注意事项

以下情况不列入新农合报销范围：

①非区内定点医院门诊医疗费用（特殊病种门诊治疗费用除外）、未按规定就医、自购药品所产生的费用。

②计划生育措施所需的费用，违反计划生育政策的医疗费用。

③镶牙、口腔正畸、验光配镜、助听器、人工器官、美容治疗、整容和矫形手术、康复性医疗（如气功、按摩、推拿、理疗、磁疗等）以及各类陪客费、就诊交通费、出诊费、住院期间的其他杂费等费用。

④存在第三方责任的情况下，发生人身伤害产生的医药费依法由第三责任方承担，如交通事故、医疗事故、工伤等。

⑤因自杀、自残、服毒、吸毒、打架斗殴等违法行为以及其家属的故意行为造成伤害所产生的医药费。

⑥出国或在港澳台地区期间发生的医疗费用。

⑦城镇职工医疗保险制度规定不予报销的药品和项目。

⑧区医院管理协会确定的其他不予报销的费用。

农民参加新农合好处多

参加新农合好处一览：

①2010年底以前，农民个人每年交20元，可获得政府100元以上补助。从2011年起，农民个人交30元，就可获得政府120元以上的补助，用于建立年人均150元以上的农民看病报销基金。

②参合农民在定点乡镇卫生院和村卫生室看病可以享受门诊统筹报销补偿。

③住院费用可以按规定获得报销，每人每年最高可补偿4万～5万元（具体视各个市县的标准而定），住院补偿比例原则上达到：乡镇卫生院85%左右（医药费用300元以下部分报销60%，300元以上部分报销85%左右），二级医院65%左右，三级医院50%左右。最低实际住院补偿比例从30%提高到35%。

④保险制度规定范围内的慢性病患者，凭慢性病医疗证在各级定点医院就医的门诊医疗费用也可以获得报销。

⑤参合孕妇正常分娩可获得300～500元的定额补助，相邻两个年度参合金收缴截止日期之间出生的婴儿，即在参合金收缴期（每年9月至12月）之外出生的婴儿，可享受“母婴捆绑报销政策”，即婴儿可直接享受母亲参合的补偿政策。

⑥在超出封顶线且无力支付后续治疗费用的情况下，还可申请民政医疗救助。

（摘自社保网，2021年2月22日，有删改）

看看人家

山东威海文登推动优质医疗资源下乡让村民家门口看病就医

医疗卫生服务事关人民群众身体健康和切身利益，是民生之所需，也是民生之所急。特别是在医疗条件相对薄弱的农村地区，如何让农民群众享受到更加优质、高效、便捷的医疗服务，吃上方便药、放心药，是亟待解决的重大民生问题。为此，山东省威海市文登区立足县域实际和群众需求，推动优质医疗资源向基层下沉，让专家坐诊带教、医生下乡入户、药品直送家门，农民群众“近不出村、远不出镇”，在家门口就能看好病、吃好药。

（1）组建医联体，上下联动“零距离”

①与先进医院合作开展远程会诊。为了让农村群众在“家门口”就能看“专家号”，组织区内5所区直医院、16处镇卫生院，与中国人民解放军总医院、北京中日友好医院、北京安贞医院等国内知名大型医院组建多种形式的医联体，依托其优质的医学资源、专家资源、技术资源和科研成果，通过专科联盟、远程会诊等形式，把先进的医疗技术送到农村群众身边。

②建立远程放射心电诊断系统。为了提高镇村医疗机构心电诊断能力，组织文登区人民医院与北京远程心界医院管理有限公司合作，建立了远程心电会诊系统。通过互联网，上联国内顶尖

的心血管专业机构——中国医学科学院阜外医院；下接镇卫生院、村卫生室，构建了一条从常规心电图到动态心电图的完整远程会诊网络，实现了北京专家帮文登农村群众看病。

③建立远程放射影像诊断中心。针对镇卫生院影像专业人才短缺、看片水平不高的问题，建设了区域放射影像 PACS 系统，依托三级甲等中医骨伤专科医院文登整骨医院和文登区人民医院，分别设立 1 处远程骨科放射影像诊断中心和 2 处远程综合放射诊断中心。对没有影像医师的镇卫生院，可将其拍摄的 X 光片、CT 片等影像资料实时传送到诊断中心，由诊断中心医师在最短时间内进行阅片，作出诊断报告，再实时传送回去；对有影像医师的镇卫生院，可将其拍摄的不能确诊的影像资料实时传送到诊断中心，帮助阅片诊断。

（2）医药进村，打通就医“最后一公里”

①送医生下乡。为解决村医越来越少的问题，文登区在省内率先探索启动基层巡诊服务模式，投资 500 多万元为全区 16 处镇卫生院配备专业化巡诊车，车上设置全科医生工作站，配齐常用检查设备。各镇卫生院成立基层巡诊服务队，每天巡回辖区各村尤其是偏远村庄开展医疗服务，打造了“流动卫生室”，进村入户为农村群众诊病治疗。

②送药品到家。为解决农村群众取药不方便的问题，文登区联合区邮政公司，开展“惠民送药邮递到家”服务，在家庭医生团队到村巡诊时，群众看完病需要用药的，家庭医生会回去开出

处方交由医院药房工作人员配药，并详细注明用法和剂量，每天早晨邮政快递员到药房取药，当日就可为群众送药到家。整个服务只收药品费，不收快递费。

③送服务进门。为解决长期卧床和慢创病人治疗及护理的问题，文登区人民医院医联体17个组成单位全部成立“白求恩居家护理服务队”，联合家庭医生团队，为居家卧床病人进行慢创清创、压疮等治疗，以及预防指导、造口护理及指导、导尿管更换、鼻饲插管、静脉采血等服务。整个过程只收成本费，不收出诊费，对低保、五保病人实行免费治疗。

（摘自新华社，2019年12月30日，有删改）

四　农村住房

1. 农村宅基地

申请农村宅基地需要啥条件

宅基地是农村的农户或个人用作住宅基地而占有、利用本集体所有的土地。包括已经建设房屋的土地、建过房屋但已无上盖物或不能居住的土地，以及准备建房用的规划地三种类型。

申请宅基地的条件包括：①因子女结婚等原因确需分户，缺少宅基地的；②外来人口落户，成为本集体经济组织成员，没有宅基地的；③因发生或者防御自然灾害、实施村庄和集镇规划以及进行乡（镇）村公共设施和公益事业建设，需要搬迁的。

村民有下列情形之一的，不予批准使用宅基地：①年龄未满

18周岁的；②原有宅基地的面积已经达到规定标准或者能够解决分户需要的；③出卖或者出租村内住房的。《中华人民共和国土地管理法》规定宅基地和自留地、自留山，属于农民集体所有。村民只有使用权，没有所有权。我国土地和房屋是实行分别管理的。

继承农村宅基地有啥规定

根据规定，宅基地是农民基于集体经济组织成员身份而享有的可以用于修建住宅的集体建设用地，农民无须交纳任何土地费用即可取得，这是一种福利性质的权益，一般来讲不能继承。但在宅基地上建成的房屋则属于公民个人财产，可以继承。

实践中，农民宅基地的继承问题可以分为下列情况：如果继承人是本集体经济组织成员，符合宅基地申请条件的，可以经批准后取得被继承房屋的宅基地；如果不符合申请条件，则可以将房屋卖给本村其他符合申请条件的村民。如果不愿出卖，则该房屋不得翻建、改建、扩建，待处于不可居住状态时，宅基地由集体经济组织收回。继承人是城市居民的，比照上述不符合宅基地申请条件的情形处理。

农村宅基地使用权的享有是与集体经济组织成员的资格联系在一起的，在一定程度上具有福利性质和社会保障的功能。宅基地使用权具有以下几个特点：一是宅基地使用权的主体为集体经济组织成员。农民能申请宅基地，很大程度上是因为他是农村集体经济组织的成员，农村集体经济组织的每一个成员都有权以个人或户的名义申请宅基地，并且农村宅基地的性质不会随村民身份变化而改变；二是宅基地使用权的用途具有限制性。农民获得宅基地使用权后，只能在该土地上建造房屋，并作为生活资料使用自用住房；三是宅基地使用权具有福利性和无期限性。宅基地具有一定的福利性质，这种福利性质主要表现在农民能够廉价取得宅基地，获取基本的生活条件，从而享有最低限度的福利。宅基地使用权只是基于集体经济组织成员资格而享有的一项福利性权利，只能在本集体经济组织成员之间流转。

2. 农村宅基地买卖与确权

农村村民一户只能拥有一处宅基地

《中华人民共和国土地管理法》规定，农村村民一户只能拥有一处宅基地，其宅基地的面积不得超过省、自治区、直辖市规定的标准。《国土资源部关于进一步加快宅基地使用权登记发证工作的通知》规定，严格落实农村村民一户只能拥有一处宅基地的法律规定。除继承外，农村村民一户申请第二宗宅基地使用权登记的，不予受理。

原国土资源部《关于农村集体土地确权登记发证的若干意见》规定，已拥有一处宅基地的本农民集体成员、非本农民集体成员的农村或城镇居民，因继承房屋占用农村宅基地的，可按规定登记发证，在集体土地使用证记事栏应注记“该权利人为本农民集体原成员住宅的合法继承人”。

以户为单位落实宅基地资格权，不得以退出宅基地作为农民进城落户条件

以保护农民宅基地权益为核心，探索农村宅基地集体所有权、农户资格权、宅基地及农房使用权“三权分置”，放活宅基地和农民房屋使用权，盘活农村集体建设用地。探索宅基地作为集体经济组织所有的确权登记，保障集体所有权人享有占有、使用、收益和处分的权利。保障宅基地农户资格权和农民房屋财产权。

执行“一户一宅”政策，以户为单位落实宅基地资格权，不得以退出宅基地作为农民进城落户条件，禁止资格权转让；改变单一以宅基地使用权作为资格权的实现方式，允许农民申请公共租赁住房和换股权、换货币等实现形式；鼓励农户自愿有偿退出资格权，退出农户可申请“留权不留地”、颁发地票期权等方式保留资格权；因自然灾害造成宅基地使用权灭失的、进城农民自愿将宅基地无偿退给集体的，可以申请重获资格权。

农户可以利用自有住宅依法从事休闲、旅游经营等，但不得违法违规买卖宅基地，严格实行土地用途管制，严格禁止利用农村宅基地建设别墅大院和私人会馆。

农村宅基地可以买卖吗

根据宅基地使用权随房屋转移的原则，农村房屋发生买卖、继承、赠与等法律事由的，其所占宅基地的使用权随房屋所有权而转移。1984年，最高人民法院《关于贯彻执行民事政策法律若干问题的意见》中规定，公民在城镇依法买卖房屋时，该房屋宅基地的使用权应随房屋所有权一起转归新房主使用。

关于办理农村房屋宅基地使用权转移手续问题，实践中应注意掌握一个时间界限，即在1982年《村镇建房用地管理条例》发布之前，农村房屋买卖中宅基地使用权均随房转移，无须办理批准手续；但自该条例之后，宅基地使用权须经过申请批准后方可随房转移。未经审查批准，宅基地使用权不能随房转移给买方，房屋买卖亦无效，但买方可将房屋拆走。村民迁居或者拆除房屋后腾出的宅基地，由集体收回使用，另作统一安排。但在农村合法继承的房屋，其宅基地使用权可以随房屋所有权而转移。

宅基地使用权连同房屋所有权如何转移

①履行相关审批手续。房屋所有权证是确认房屋所有权的合法凭证，宅基地使用证和集体土地建设用地使用证是农民合法取得宅基地使用权的重要凭据，因买卖房屋而转移宅基地使用权的，宅基地使用权主体发生变化，应当依照《中华人民共和国土地管理法》和《中华人民共和国土地管理法实施条例》及其他规定办理手续，并完成权利主体的变更登记。

②受让人主体资格应受限制。宅基地使用权只可在本集体经济组织内部自由转让，因为一旦转让给城市居民或其他农业集体经济组织成员，受让主体便不再符合法定的条件，除非转让时，该受让人已经将户口迁入本乡或本村，成为本集体经济组织内部成员。

③转让后原则上仍遵循“一户一宅”。农民买卖房屋涉及宅基地使用权的转移时，应当符合宅基地标准。取得宅基地超过省、自治区、直辖市规定标准的，应在土地登记卡和土地证书内注明超标的数量。以后分户建房或现有房屋拆迁、改建、翻建，或政府依法实施规划重新建设时，按当地政府规定的面积标准重新确定使用权，超过部分归还集体经济组织。

哪些情况下，农村房屋不能确权

根据相关政策规定，以下8种情况，农民将失去房屋所有权：

①农民在农田上建房，而未经住房和城乡建设规划局的许可的属于违章建筑。

②空闲或房屋坍塌、拆除两年以上未恢复使用的。

③家庭成员又组建了新的家庭，另申请了别的宅基地。

④除继承和分居立户外，农户一户宅基地超过一处以上的。

⑤申请宅基地建房的时候没有登记的家庭成员。

⑥将户口迁走的人，已经不是本村的成员。

⑦因拆迁或原住宅依法被征收，已依法进行统一安置或补偿的。

⑧村集体以外的人员（如城镇居民）购买的本村宅基地或建房，在确权时，合同当属无效。

农村宅基地改革的最新政策

2021年中央一号文件提出，要完善农村产权制度和要素市场化配置机制，充分激发农村发展内生动力。在宅基地管理方面，文件特别提到，要探索宅基地所有权、资格权、使用权分置有效实现形式。在提及农村改革问题上，文件多次用到“探索”“稳慎”等词语，如提及农村集体经营性建设用地入市，要“积极探索实施”；提及休闲观光农业的产业分散布局，要“探索灵活新方式”；提及宅基地制度改革试点，要“稳慎推进”。这或许意味着在未来推进改革的过程中，会有更多的政策和试点工作陆续出台。

以案释法：农村宅基地继承起纠纷

1981年2月，黄某以一户三人（黄某与妻子张某、大儿子）的名义申请了宅基地建房。同年12月，小儿子出生。2002年，大儿子结婚，黄某因车祸去世。

2003年，小儿子因结婚另行申请了宅基地建房；大儿子也将房屋拆除，在原宅基地上建了新房，张某随大儿子居住。2004年，大儿子居住房屋面临拆迁，获得了拆迁补偿款10万余元和宅基地使用权补偿款36万余元。小儿子得知后，认为宅基地补偿款属于申请宅基地时的黄某、张某和大儿子共同所有，三人应各享有12万余元。父亲黄某已经去世，其享有的12万余元应作为遗产由母亲、哥哥和自己共同继承。大儿子反对，双方对簿公堂。

判决结果：

法院审理后认为，该案从表面看争议标的是宅基地补偿款，实质是对宅基地使用权归属的争议。因宅基地使用权是宅基地补偿款的发生原因，明确了宅基地使用权的主体即明确了宅基地补偿款的所有者。宅基地使用权作为一项特殊的用益物权，与农民个人的集体经济组织成员资格紧密相关，因出生而获得（但并不一定实际享有），因死亡而消灭。黄某于2002年因车祸死亡，自然失去其集体经济组织成员的资格，不再是宅基地使用权的主体，宅基地补偿款当然也无权享有。小儿子要求分割宅基地补偿款的诉请于法无据，判决驳回。

专家点评：

《中华人民共和国继承法》第三条规定：“遗产是公民死亡时遗留的个人合法财产。”本文所要讨论的是：宅基地使用权（本文所指是农村宅基地使用权，城镇宅基地使用权属于历史遗留问题，不作讨论）是否是“财产”，以及是否为“个人财产”。

①从宅基地使用权的外部关系来看，其是一项特殊的用益物权，是特殊的财产，不应作为遗产继承。

②从宅基地使用权的内部关系来看，属于家庭共同共有，不是被继承人的个人财产，不能作为遗产继承。

（摘自广东省河源市农业农村局网站，
2022年4月28日，有删改）

以案释法：农村宅基地使用权纠纷案例及分析

村民李某已有宅基地，后又取得一份宅基地。李某便与同村王某签订了宅基地使用权转让合同，李某将这份宅基地以5万元的价格转让给王某，王某将款项支付给李某。当王某开始建房时，被邻居张某阻止，致使王某无法建房。王某以侵权为由，将邻居张某诉至法院，请求停止侵权，排除妨碍。邻居张某以王某无权取得宅基地使用权为由，请求驳回王某的诉讼请求。

专家点评：

①李某能否取得这份宅基地的使用权？《中华人民共和国土地管理法》第62条规定："农村村民一户只能拥有一处宅基地，其他宅基地的面积不得超过省、自治区、直辖市规定的标准。农村村民建住宅，应当符合乡（镇）土地利用总体规划，并尽量使用原有的宅基地和村内空闲地。农村村民住宅用地，经乡（镇）人民政府审核，由县级人民政府批准；其中，涉及占用农用地的，依照本法第44条的规定办理审批手续。农村村民出卖、出租住房后，再申请宅基地的，不予批准。"根据上述法律规定，李某在已拥有宅基地的情况下，显然不能取得这份宅基地的使用权。

②李某与王某的宅基地使用权转让合同的效力。

根据《中华人民共和国合同法》第52条的规定，违反法律、行政法规的强制性规定的合同视为无效合同。从本案来看，该宅基地使用权转让合同因违反土地管理法规定而无效。

③王某的诉讼请求能否被支持？因李某与王某的宅基地使用权转让合同为无效合同，王某不能取得宅基地的使用权，则王某建房的权益就不受法律保护。显然，邻居张某就不能构成对王某的侵权。因此，人民法院应当予以驳回王某的诉讼请求。同时，还应当向土地管理部门发出司法建议书，对本案所反映的情况予以调查处理。

五　农村交通

1. 农村公路建设与养护

农村公路建设要“七公开”

农村公路是指纳入农村公路规划，并按照公路工程技术标准修建的县道、乡道、村道及其所属设施，包括经省级交通运输主管部门认定并纳入统计年报里程的农村公路。公路包括公路桥梁、隧道和渡口。

对农村公路建设计划、补助政策、招投标活动、施工管理、质量监管、资金使用、工程验收七方面内容应公开，让农民朋友应知尽知。公开的内容有：

①建设计划。按层级对省(区、市)、市(地、州、盟)、县(市、

区）、乡（镇）、村农村公路建设计划分地域进行公开。

②补助政策。公开农村公路建设资金补助政策，包括县、乡、村道及危桥改造、安保工程等的补助标准和资金。

③招投标活动。符合招标条件的农村公路建设项目，按规定发布招标公告，公开建设规模、技术标准、招标方式、标段划分、中标结果、监督机构等。

④施工管理。公开工程概况、施工许可（以年度计划替代施工许可的小型项目除外）、参建单位（建设、设计、施工、监理单位等）、岗位职责、质量安全控制、进度计划、主要原材料等信息。

⑤质量监管。公开质量管理单位或监督机构、主要职责、质监负责人、联系方式、检查内容及方法、检查结果等。聘请村民监督员，同时也公开相关信息。

⑥资金使用。公开建设资金筹措、资金来源、资金到位、拨付情况等。

⑦工程验收。公开工程验收方式、评定结果、竣（交）工验收鉴定书等。

农村公路养护管理的资金筹集和使用

农村公路养护管理资金的筹集和使用应当坚持“政府主导、多元筹资、统筹安排、专款专用、强化监管、绩效考核”的原则。

资金主要来源包括：一是各级地方人民政府安排的财政预算资金，包括公共财政预算资金，省级安排的成品油消费税改革新增收入补助资金，市、县安排的成品油消费税改革新增收入资金（替代摩托车、拖拉机养路费的基数和增量部分）；二是中央补助的专项资金；三是村民委员会通过“一事一议”等方式筹集的用于村道养护的资金；四是企业、个人等社会捐助，或者通过其他方式筹集的资金。省级人民政府安排的成品油消费税改革新增收入补助资金，应当按照国务院规定专项用于农村公路养护工程，不得用于日常保养和人员开支，且补助标准每年每公里不得低于国务院规定的县道7000元、乡道3500元、村道1000元。

怎样开展农村公路养护工作

县级交通运输主管部门和公路管理机构应当建立健全农村公路养护质量检查、考核和评定制度，建立健全质量安全保证体系和信用评价体系，加强检查监督，确保工程质量和安全。鼓励将日常保养交由公路沿线村民负责，采取个人、家庭分段承包等方式实施，并按照优胜劣汰的原则，逐步建立相对稳定的群众性养护队伍。负责农村公路日常养护的单位或者个人应当按合同规定定期进行路况巡查，发现突发损坏、交通中断或者路产路权案件等影响公路运行的情况时，及时按有关规定处理和上报。农村公路发生严重损坏或中断时，县级交通运输主管部门和公路管理机构应当在当地政府的统一领导下，及时修复公路。难以及时恢复交通的，应当设立醒目的警示标志，并告知绕行路线。

2. 农村客运服务

农村客运服务越来越方便快捷

①农村客运基础设施越来越完善。加快完善农村客运站场布局，根据各地农村地区生产、生活、生态的客观条件和需求特点，规划建设标准适宜的乡镇客运站（候车亭、招呼站）。在城乡公路干道沿线规划建设港湾式停靠站、沿途招呼站，并配套完善候车亭、站牌等设施。

②农村客运服务网络通达率越来越高。采取综合措施提高乡镇和建制村班车通达率，提供农村客运普遍服务，解决农村地区居民的基本出行问题。通过新辟、改线、延伸现有农村客运班线，扩大农村客运的覆盖和服务范围，提高建制村班车通达率。

③部分农村已经实现农村客运公交化运行。国家大力支持城镇化水平和居民出行密度较高的地区持续推进农村客运线路公交化运行，推广规范化、标准化的服务。对实行公交化运行的农村

客运线路，在保证基本服务质量的前提下，运输企业可以根据客流情况调整班次和运力。支持“镇到村”农村客运网络发展，鼓励有条件的地区结合本地实际，有重点、分阶段在镇域内发展“镇村公交”。

④农村客运班车的车费价格基本平稳。农村客运班车的车费价格由所在地价格管理部门制定。

农村公路客运价格是怎么规定的

根据《广东省发展改革委、广东省交通运输厅关于农村道路旅客运价的管理规定》，旅客运费（票价）计算如下：

第十三条　农村客运票价 = 车型运价（含 2% 的旅客身体伤害赔偿责任保障金）× 旅客计费里程 + 旅客站务费 + 其他法定收费。

（一）旅客计费里程按省交通运输主管部门核定颁发的《广东省道路运营里程图表》及有关规定确定；里程图上没有标明的新建、改建公路和乡镇（村）公路以及城市市区道路，其里程由县（市、区）以上人民政府交通运输主管部门按照实际里程核定，新的公路（道路）运营里程图公布后，按新确定的运营里程执行。

因自然灾害、道路维修等原因车辆绕道或改道行驶的，按规定程序批准后，按改道或绕道的实际里程计算。

（二）旅客站务费按站级标准收取。票价在5元及以上的，一、二级站为1元/票，三、四级站为0.5元/票；票价在5元以下的，一、二级站为0.5元/票，三、四级站免收旅客站务费。简易站免收旅客站务费。

第十四条　每张客票起码票价1元。票价在10元以下的，尾数按“三七作五，二舍八入”的原则以0.5元进整；超过10元的，尾数按“四舍五入”的原则以1元进整。

第十五条　成人及身高超过1.5米的儿童乘车购买全票；身高1.2米（含1.2米）以下，不单独占用座位的儿童乘车免票；每位成人乘客只限带一名免票儿童。身高1.2～1.5米（含1.5米）的儿童乘车购买儿童票；革命伤残军人、因公致残的人民警察乘车分别凭《中华人民共和国残疾军人证》《中华人民共和国伤残人民警察证》购买优待票。

儿童票和优待票按照具体执行票价的50%计算。

客运车辆不得超过核定的载客人数。在载客人数已满的情况下，允许再搭乘不超过核定载客人数10%的免票儿童。

第十六条　行包计费重量以千克为单位。购全票及优待票的旅客可免费携带行包10千克，购儿童票的旅客可免费携带行包5千克。免费携带的行包体积不得超过0.02立方米，长度不能超过1.8米，超过部分每100千克千米运费按0.18元计算。每张行包运单费用起码计费单位为1元，尾数不足1元的四舍五入。

第十七条　农村客运票价由始发站所在地的市、县政府价格、交通主管部门负责核定。同一条农村客运班线的相同装备等级车辆、相同运营方式的票价水平应当基本一致。

农民外出要提高道路交通安全意识

近年来，由于车辆保有量快速增长，部分地区的农村道路交通安全问题日益突出，道路交通安全形势愈发严峻，道路交通事故死亡人数占总安全生产事故死亡人数的九成左右。作为外出农民，安全是第一位。

①配合农村道路交通安全协管员的劝导。国家在机动车通行较为集中的农村道路与国道、省道交会路口或乡镇辖区重要路段，要设置农村道路交通安全劝导站，并保证每个劝导站设置不少于2名交通安全协管员。

②积极参与农村道路建设和养护，发现安全隐患及时向交通运输部门报告。

③配合加强机动车安全监管。配合政府部门按照“一车一档、一人一档”的要求，对辖区车辆开展全面摸排造册。符合登记条件的三轮汽车、摩托车、电动车、面包车、低速载货汽车要进行登记上牌。

④乘坐正规公交公司或者客运公司班车，不坐黑车，不坐超载的车辆。

⑤加强对农村孩子、学生的交通安全教育，不在公路上打闹，

不随意横穿公路。

⑥骑乘摩托车不超速，一定要戴头盔。

近三年来中央对农村道路交通方面的主要政策

2020年中央一号文件第六条指出，农村公共基础设施方面，主要是推动“四好农村路”（指建好、管好、护好、运营好）示范创建提质扩面，在完成具备条件的建制村通硬化路和通客车任务基础上，有序推进较大人口规模自然村（组）等通硬化路建设，支持村内道路建设和改造。

2021年中央一号文件第十五条指出，继续把公共基础设施建设的重点放在农村，着力推进往村覆盖、往户延伸。实施农村道路畅通工程。有序实施较大人口规模自然村（组）通硬化路。加强农村资源路、产业路、旅游路和村内主干道建设。推进农村公路建设项目更多向进村入户倾斜。继续通过中央车辆购置税补助地方资金、成品油税费改革转移支付、地方政府债券等渠道，按规定支持农村道路发展。继续开展“四好农村路”示范创建。全面实施路长制。开展城乡交通一体化示范创建工作。加强农村道路桥梁安全隐患排查，落实管养主体责任。强化农村道路交通安全监管。

2022年中央一号文件第二十三条指出，扎实开展重点领域农村基础设施建设。有序推进乡镇通三级及以上等级公路、较大人口规模自然村（组）通硬化路，实施农村公路安全生命防护工程和危桥改造。扎实开展农村公路管理养护体制改革试点。稳步推进农村公路路况自动化检测。

六　农村水电气

1. 农村用水

农村用水包括农村生活用水和农业用水。农村生活用水包括农村居民用水、牲畜用水；农业用水是农、林、牧、副、渔等各部门和乡镇、农场企事业单位以及农村居民生产用水的统称。在农业用水中，农田灌溉用水占主要地位。

国家对乡镇自来水、集中供水的要求

（1）供水保障规划

根据水利部等9个部门《关于做好农村供水保障工作的指导意见》，各地要按照全面推进乡村振兴的要求，适当提高农村供水标准，完善农村供水工程设施，稳步提升农村供水保障水平。到

2025年，全国农村自来水普及率达到88%，提高规模化供水工程覆盖农村人口的比例。

（2）农村应急供水

①农村应急供水方式。一是拉水送水，由县级政府和有关部门组织乡镇和行政村落实好拉水送水责任人，并及时告知村组干部和用水户提前做好对接以便能够及时有效响应，尽力保障农村群众基本用水需求；二是应急设备制水，采用装配式、移动式等水处理装置进行现场制备，满足临时供水需求；三是应急工程供水，对于短期内难以恢复正常供水的用水户应及时采取应急工程措施，如打井、抢修等，尽快恢复供水。

②农村应急供水标准。应急状况下，难以按照正常的水量、水质和供水保证率标准保障供水。在应急供水时，一般按每人每天5～7.5升的标准进行使用，满足群众喝水、煮饭基本饮用水需求。

农村饮用水安全标准

农村饮水安全是指农村居民能够及时、方便地获得足量、干净的生活饮用水，其评价指标包括水质、水量、用水方便程度、供水保证率等4项指标。

①水质。农村集中供水工程的用水户，必须符合《生活饮用水卫生标准》的国家规范要求。对分散供水工程的用水户，要求

饮用水中无肉眼可见杂质、无异色异味、用水户长期饮用无不良反应。

②水量。根据丰水地区和缺水地区进行分类规定，丰水地区每人每天可获取的水量不低于35升，缺水地区不低于20升。

③用水方便程度。取水往返时间不超过20分钟，取水距离不超过800米；牧区可适当放宽。

④供水保证率。保证率达到90%，即一年90%以上的时间供水能得到保障。

如果水量、水质、用水方便程度、供水保证率4项评价指标全部基本达标或达标，就可以评为饮水安全。

农村供水价格

（1）农村自来水价格

①农村自来水安装费。对于农村自来水安装费的标准，每个省市都有自己的收费方案。关于农村水网改造，国家是有补助的，国家补贴负责主管道；入户是村民自己负责的，各地标准不一，基本上几十元到几百元不等，少数地方要交上千元。

②农村自来水到户价格。我国现行水价政策由中央、省级和市级三级政府共同制定，终端水价包括水资源费（税）、供水价格、污水处理费。一般来说，人均年水费支出不超过人均可支配收入的1%，则水价比较合理。

为鼓励大家节约用水，目前各地普遍实行居民生活用水阶梯价格制度，就是将水价分为不同的阶梯，在不同的定额范围内，执行不同的价格。使用水量在基本定额之内，采用基准水价，如果使用的水量超过基本定额，则超出的部分采取比基准水价高的水价标准收费。由于各地收入水平、自来水成本不同，价格标准也有所不同。下面是部分地区农村居民第一阶梯（或定额）水量的价格，高于第一阶梯（或定额）水量的水价收费标准更高。

部分地区农村居民第一阶梯（或定额）自来水价格

地区	综合水价（元/立方米）	备注
山东省临清市	3.75	含水资源税 0.10
广东省广州市	2.93	含污水处理费 0.95
湖南省岳阳市	3.03	含污水处理费 0.75、水资源费 0.05
浙江省宁波市	3.4	含污水处理费 1.00

注：每个地方第一阶梯（或定额）的水量不同

（2）农业用水价格

为节约农业用水，农业用水价格一般实行超定额超计划累进加价制度，按照“多用水多付费”的原则，超计划、超定额用水的，对超计划、超定额用水部分，按照用水类别和超计划用水幅度，以基本水价几倍（一般为 1 ~ 3 倍）累进加价计收水费。每个地方按照农业用水的成本、当地农业种植特点分类制定农业用水价格。各地农业用水价格差异较大。

广东省连平县千人以上农村集中供水工程供水价格方案如下：

千人以上用水价格：

①居民用水执行“两部制”水价（即由基本水价+计量水价两部分组成）。全县千人以上农村集中供水工程用水户（单位）按6立方米/月为基数计算水费，即每月用水量不足6立方米的用水户按6立方米/月标准收取水费，用水量超过6立方米/月的用水户按实际用水量收取水费。居民用水最高限价1.10元/立方米，各供水单位根据实际情况，在最高限价内制定具体价格。本水价不含污水处理费、生活垃圾处理费，含水资源费。

②居民合表用水户水价最高限价1.20元/立方米，各供水单位可根据实际情况，在最高限价内制定具体价格，但不得低于“一户一表”居民生活用水价格。本水价不含污水处理费、生活垃圾处理费，含水资源费。

③非居民用水最高限价1.30元/立方米，各供水单位根据实际情况，在最高限价内制定具体价格，但不得低于居民生活用水合表用水户价格。本水价不含污水处理费、生活垃圾处理费，含水资源费。

千人以下用水价格：

千人以下农村集中供水工程和单村供水工程的水价，由当地村（居）委会召开村民代表大会与管水组织、用水户代表协商确定，水价原则上不超过当地千人以上农村集中供水工程供水价格，鼓励执行“两部制”水价（即由基本水价+计量水价两部分组成）。

山东省安丘市农业用水价格如下：

使用县级以上财政资金投资建设的泵灌、井灌等农田水利灌溉工程项目农业用水价格执行政府定价，属用户自建的农田灌溉工程供方与终端用户协议明确由双方协商定价的实行市场调节价。

农业用水价格实行分类水价：

①粮食作物灌溉用水水价：泵灌区按方计费，执行水价为0.60元/立方米；井灌区实行以电折水，按用电量计费，为0.80元/千瓦时。

②经济作物灌溉用水水价：泵灌区按方计费，执行水价为0.80元/立方米；井灌区实行以电折水，按用电量计费，为1.20元/千瓦时。

超定额累进加价：

按原安丘市物价局、安丘市水利局《关于规范农业用水价格的指导意见》有关规定执行。

广东省梅州市梅县区实行分类农业用水价格，具体如下：

①中型灌区：粮食作物为0.026元/立方米，一般经济作物为0.31元/立方米，高附加值经济作物、林果业、水产养殖业为0.38元/立方米。

②小型灌区：粮食作物为0.028元/立方米，一般经济作物为0.14元/立方米，高附加值经济作物、林果业、水产养殖业为0.16元/立方米。

超定额超计划累进加价制度：

为促进农业节水，按照“多用水多付费”的原则，对超定额超计划用水部分，实行加价计收水费。用水计划、用水定额由水务部门核定。超定额20%（含）以内部分，按当年执行水价的1.5倍缴纳；超定额20%～50%（含）部分，按当年执行水价的2倍缴纳；超定额50%以上部分，按当年执行水价的2.5倍缴纳。

农村用水乱收费问题

农村用水乱收费的现象主要有：

①供水企业在用水报装工程验收接入环节向用户收取已取消的接水费、增容费、报装费等各种名目的开户费用，以及向用户收取已取消的开关闸费、竣工核验费、竣工导线测量费、管线探测费、勾头费、水钻工程费、碰头费、出图费等类似名目工程费用。

②通过水费收取单位向农民“搭车”收取费用和集资、摊派款。

③超过规定标准和项目收费。

④擅自扩大水利工程水费征收范围，向非受益区收取水费。

⑤截留、平调、挪用水利工程水费。

⑥违反规定预收和按人头、田亩摊派水费。

看看人家

天津滨海新区：城乡供水一体化　村民喝上放心水

天津滨海新区紧邻渤海湾，境内多属苦水区和咸水区，淡水资源匮乏，饮用水含盐量、含氟量超标，严重危害群众的身体健康，骨骼病、氟斑牙司空见惯。近年来，天津市滨海新区积极回应农村群众喝上放心水的需求，将农村饮水提质增效作为一项重要的民生工程，充分发挥政府与市场的协同作用，让农村群众喝上了安全水、放心水、幸福水。

一是统一规划。为统筹推动农村饮水工作，滨海新区编制了《滨海新区村镇供水发展规划（2013—2020年）》，提出了实现村镇自来水普及率100%，自来水入户率100%，不间断供水100%，水质合格率达到95%以上的目标。

二是城乡统筹供水。考虑到各村地下水水质不同，难以保证水质安全，且无法统一确定水价，滨海新区确定了以城市供水管网延伸供水为主、村镇集中供水为辅的城乡统筹供水模式，逐步实现农村供水规模化、市场化、水源地表化、城乡一体化。

三是多元筹措资金。按照“谁投资、谁所有、谁受益” 的原则，多层次、多渠道筹集资金，全区农村饮水提质增效工程、配套村镇供水规划供水主干管网工程和水表出户工程建设共完成投资6.19亿元。

四是同网同价。滨海新区对城市供水延伸农村供水采取同网同价原则，由供水单位抄表到户，并与用水户签订供用水合同，明确双方权利义务。以村（农村居住社区）为单位设置村镇考核水表，采取承包给第三方管理或委托村委会管理等方式进行水费管理，有效提高了水费收缴率。将征收的水费用于供水工程日常维护，实现“以水治水、以水养水”，保障了供水工程的长效运行。同时，通过广播宣传、张贴宣传材料、APP扫码等方式，深入开展合法用水宣传教育，引导村民按时缴纳水费，有效提升村民节约用水意识。

专家点评：

2021年中央一号文件指出：“加快县域内城乡融合发展。”“继续把公共基础设施建设的重点放在农村，着力推进往村覆盖、往户延伸。” 城乡融合的实质是大幅度提升农村公共产品和公共服务供给水平，天津市滨海新区在这方面提供了可资借鉴的经验。对于滨海新区而言，广大农民喝上稳定、优质、安全的自来水，实现城乡供水一体化，是当地最大的民生工程。该区积极探索“政府主导、市场运营” 的供水管理模式，经过7年的艰苦努力，实现了农村饮水水质和供水效率“双提升”，践行了党的十九大报告提出的“必须多谋民生之利、多解民生之忧，在发展中补齐民生短板、促进社会公平正义”的思想，在促进城乡融合方面迈出了坚实的步伐。

（摘自国家发展改革委网站，2021年12月25日，有删改）

看看人家

河南南乐：科学合理定价　农村吃上优质水

河南省南乐县地处豫、鲁、冀三省交会处，境内多属苦水区和咸水区，水资源匮乏。长期以来，农村居民用上优质饮用水的愿望十分迫切。2015年，南乐县紧抓南水北调工程建设机遇，将丹江水引进农村，并逐步实现全县农村供水规模化、市场化、水源地表化、城乡一体化。2019年8月，南乐县实现全域通水，不仅让群众吃上了好水，也涵养了地下水源。饮用水源由地下水转换为地表水，年压减地下水开采1800万吨，实现社会效益和生态效益同步提升。

在加强供水保障的同时，南乐县不断提高供水服务水平，不仅让群众“吃好水”，还让群众享受优质便捷的服务。

一是定价合理化。遵循“节水优先、供用互利、合理定价、政府补贴”的原则，合理核定水价。经测算，运维成本为3.31元/立方米（其中原水费0.86元/立方米、水处理费1元/立方米、运营管理费用1.45元 / 立方米），综合考虑供水成本和用户承受能力，核定农村居民水价为2.89元 / 立方米。县政府每立方米补贴0.42元，按日供水2.2万立方米估算，全年约需补贴337万元。

二是管理高效化。南乐县按照降低运营成本、提高管理精细化的要求，科学设置城乡供水管理体系。设立1个县级管理中心、11个乡镇客服中心、4个乡镇维护站，负责收费、咨询、维修等服务。城乡供水管理人员从原来的380余人压减到80余人，大大降低了人员成本。

三是服务便民化。南乐县实行窗口服务，按照便民化原则，依托各乡镇便民服务中心，设立供水服务窗口，负责咨询、收费、维护等服务，让用户享受同等优质服务。实行电话服务，设立全县统一的客服电话，做到“一个电话”服务全调度。实行互联网服务，依托“互联网 + 饮水”，实现用户通过“网上办”“掌上办”等方式办理供水服务有关事项。

（摘自《中国经贸导刊》，2021年第6期，有删改）

2. 农村用电

国家关于农村电网改造的政策

2019年1月，国家电网有限公司印发《关于服务乡村振兴战略大力推动乡村电气化的意见》，围绕乡村振兴战略规划的重大工程、重大计划、重大行动，利用2019年至2022年四年时间，全面实施乡村电气化提升工程。通过改造升级农村电网、提高农村供电服务水平、推广电能替代技术、推动特色用能项目建设、推介新型用电产品等各种方式，着力增强农村用电保障能力，提升农业生产、乡村产业、农村生活电气化水平，积极助力农业更强、农村更美、农民更富。

国家电网有限公司提出，到2022年，全面落实公司乡村电网发展规划，农村电网基础设施持续改善，农村供电服务水平进一步提高，农村、农业各领域电气化水平大幅提升。在农产品种植、加工及乡村旅游等方面建成一批电气化试点示范工程，促进乡村能源生产和消费方式发生显著变革，为实现乡村振兴不断注入新动能，助力农业生产、乡村产业、农村生活现代化取得积极成果。农村地区电能占终端能源消费比例达到38.5%，在现有基础上提高了2个百分点。

全面实施乡村电气化提升工程，以因地制宜、突出特色、注重效果和政企合作为原则，国家电网有限公司设置了筑牢乡村振兴电气化基础、推动农业生产电气化、推动乡村产业电气化、推动农村生活电气化、强化乡村电气化服务保障5项重点任务，细化了建设坚固耐用、灵活友好、智能互动现代化农网，服务农牧渔业升级，助力乡村旅游业发展，推动乡村电采暖，强化乡镇供电所服务支撑能力等13项具体举措。

农村电价

农村电价实行政府定价，只能按照政府公布的电价标准收费，如果收取的电费高于政府公布的电价水平，可能存在乱收费的情况。

目前，城乡居民电价实行阶梯电价制度，将城乡居民每月用电量按照满足基本用电需求、正常合理用电需求和较高生活质量用电需求划分为三档，电价实行分档递增。

第一档电价原则上维持较低价格水平，一定时期内保持基本稳定。

第二档电价逐步调整到弥补电力企业正常合理成本并获得合理收益的水平。

第三档电价在弥补电力企业正常合理成本和收益水平的基础上，再适当体现资源稀缺状况，补偿环境损害成本。最终电价控制在第二档电价的1.5倍左右。

需要注意的是，各省的基准电价不完全一致，最终计算出的阶梯电价也不尽相同。

广州市电价标准

（1）生活用电

生活用电分为两个类型，一个是居民生活用电价格，另一个是合表居民用电价格。

①居民生活用电。生活用电是现在农村家庭也是城市家庭的主要用电类别，也是绝大部分家庭使用的用电类别。对于农村家庭来说，电费已经成为农村家庭生活支出中的一个主要方面了。

②合表居民用电。合表用电电价在本地执行的电价标准为0.6259元/度，主要是针对农村地区集中用电场所的用电为主，不存在阶梯用电之分，不管用多少电，计算电价时该标准都保持不变。

（2）非普工业用电

在农村从事农副产品加工生产的，比较常见的以稻谷加工、饲料加工、农机维修加工为主的用电，执行的电价类别就是以非普工业用电类别为主。

（3）农业生产用电

农业生产用电的价格在本地执行的是0.6291元/度（含税）。它比合表用电价格稍微高一些，但比非普用电以及其他类的用电便宜一些，主要是因为没有阶梯电价，也是现在的农村除了生活用电外使用最多的用电类别。

农业生产用电主要针对的是以农业种植、养殖以及为之服务的冷冻、贮藏农产品的蓄能用电。比如，农业大棚生产种植用电，规模化的养殖场、渔场增氧用电，规模化的柑橘、猕猴桃冷藏库房用电等。

（4）排灌用电

排灌用电价格比较低，本地执行的电价标准为0.3831元 / 度（含税）。由于现在的水利修建都已经很好了，基本新上排灌用电的可能性较小。对于这类用电，各个地方的审批管理都比较严格，很难申请到排灌用电的价格。

具体电价标准见广州市电价价目表。

广州市电价价目表

（2021 年 12 月 1 日起执行）

单位：分 / 千瓦时

<table>
<tr><th colspan="3">用电分类</th><th>目录电价</th><th>可再生能源电价附加</th><th>城市建设附加费</th><th>重大水利工程建设基金</th><th>水库移民后期扶持基金</th><th>合计（含税）</th></tr>
<tr><td rowspan="7">一、居民用电电价</td><td rowspan="3">阶梯电价</td><td>第一档</td><td>58.02</td><td></td><td></td><td>0.196875</td><td>0.67</td><td>58.886875</td></tr>
<tr><td>第二档</td><td>63.02</td><td></td><td></td><td>0.196875</td><td>0.67</td><td>63.886875</td></tr>
<tr><td>第三档</td><td>88.02</td><td></td><td></td><td>0.196875</td><td>0.67</td><td>88.886875</td></tr>
<tr><td rowspan="3">峰谷电价</td><td>峰</td><td>98.63</td><td></td><td></td><td>0.196875</td><td>0.67</td><td>99.496875</td></tr>
<tr><td>平</td><td>58.02</td><td></td><td></td><td>0.196875</td><td>0.67</td><td>58.886875</td></tr>
<tr><td>谷</td><td>22.05</td><td></td><td></td><td>0.196875</td><td>0.67</td><td>22.916875</td></tr>
<tr><td colspan="2">合表电价</td><td>61.72</td><td></td><td></td><td>0.196875</td><td>0.67</td><td>62.586875</td></tr>
<tr><td colspan="3">二、稻田排灌、脱粒电度电价</td><td>38.11</td><td></td><td></td><td>0.196875</td><td></td><td>38.306875</td></tr>
<tr><td colspan="3">三、农业生产电度电价</td><td>62.71</td><td></td><td></td><td>0.196875</td><td></td><td>62.906875</td></tr>
</table>

（续上表）

备注说明	1. 根据财政部《关于调整部分政府性基金有关政策的通知》要求，自 2019 年 7 月 1 日的实际用电量起，国家重大水利工程建设基金征收标准调整为 0.196875 分 / 千瓦时。 2. 目录电价中不含可再生能源附加 1.9 分 / 千瓦时，住宅用电、稻田排灌、脱粒用电、农业生产用电、学校教学用电不收取可再生能源附加。 3. 根据广东省物价局《关于我省居民生活用电试行阶梯电价有关问题的通知》，广东省居民的阶梯电价从 2012 年 7 月 1 日开始实施，每户月电量分档划分为夏季标准和非夏季标准，其中： （1）夏季标准（5—10 月）： 第一档电量为每户每月 0～260 度的用电量，其电价不作调整； 第二档电量为每户每月 261～600 度的用电量，其电价每千瓦时加价 0.05 元； 第三档电量为每户每月 601 千瓦时及以上的用电量，其电价每千瓦时加价 0.3 元。 （2）非夏季标准（1—4 月，11—12 月）： 第一档电量为每户每月 0～200 度的用电量，其电价不作调整； 第二档电量为每户每月 201～400 度的用电量，其电价每千瓦时加价 0.05 元； 第三档电量为每户每月 401 千瓦时及以上的用电量，其电价每千瓦时加价 0.3 元。 4. 选择执行分时的居民用户，是按“先分时，后阶梯”的计算方法，即先按照峰、平、谷各时段用电量和对应电价计算全部电量的基础电费，再按照第二档、第三档用电量及加价标准，分别计算第二档、第三档电量的加价电费，基础电费与加价电费之和为居民总电费。 5. 根据广东省发展改革委《关于居民阶梯电价“一户多人口”政策有关事项的通知》，执行居民阶梯电价“一户多人口”政策，对居住人口满 5 人及以上的“一户一表”居民用户，可申请每户每月第一、二、三档分别增加 100 千瓦时阶梯电量基数，上述政策从 2021 年 6 月 1 日起实施，自申报成功的次月（次月用电量）起执行。 6. 对居住人口满 7 人及以上的“一户一表”居民用户，也可选择申请执行合表居民用户电价。 7. 峰谷时段：高峰：10:00—12:00；14:00—19:00；平段：08:00—10:00；12:00—14:00；19:00—00:00；低谷：00:00—8:00。 8. 根据《国家发展改革委关于进一步深化燃煤发电上网电价市场化改革的通知》《国家发展改革委办公厅关于组织开展电网企业代理购电工作有关问题的道知》，取消全省（不含深圳市）电价价目表中的大工业用电、一般工商业用电目录电价，仅保留电价目录表中的居民生活用电、农业生产用电（含稻田排灌、脱粒用电）目录销售电价，电网企业代理购电价格。代理购电用户电价按月测算，提前 3 日通过南网在线 APP、营业厅等线上线下渠道公布，于次月执行，并按用户实际用电量全额结算电费。 9. 表中的标准均含增值税。

24 小时客户服务热线：95598

资料来源：中国南方电网官网

常见电价乱收费、乱加价行为

①地方政府及有关部门越权出台有关电价政策，或违反政府定价目录权限制定电价政策，继续实施未列入定价目录的电价政策。

②擅自提高国家规定的销售电价和输配电价，或采取改变用电类别、价外加价等方式，变相提高销售电价的行为。

③提高标准或超范围收取基金、附加费等，变相提高销售电价的行为。

④农村各类用电价格，特别是农业排灌用电、农产品初加工用电、农村安全饮用水工程用电价格等，不执行国家规定价格；农网改造完成后不执行同网同价，以及价外收费；农网改造中对农民其他乱收费的行为。

⑤电网企业及其关联单位在电力工程建设安装过程中，不按规定提供服务或者只收费，不服务、少服务，以及改变收费主体或形式，变相收取国家已取消收费项目的行为。

⑥电网企业及其关联单位未经有定价权的价格主管部门批准，自立名目，擅自向用户收取管理费、服务费等；转嫁经营成本，将应属电网企业正常运营维护成本的，转为由电力用户负担的行为。

农村各类用电的申请办理

①对于生活用电，一般从申请到安表用电，时间在2～3天。但是在农村的家庭用电中，一般只能实现一户一表计费，如果用电量大的话，超过的阶梯电价计算出来的电费就更多了。

②对于合表居民的用电，一般是针对农村的集中用电类型，如居民小区路灯、农村学校、村卫生站等一些非营利性质为主的用电场所使用。

个别农村的大家庭，由于人口众多又没有分家分户用电，生活用电量大，阶梯电价都是处于第三档高价位计算电费。针对这类特殊的家庭用电，根据情况可以申请合表用电。一般可以持村级以上组织的证明资料、用电户名的身份证等办理用电改类申请，将原生活用电类别改成合表用电类别。

③非普工业用电一般也是农村地区的微小企业用电，现在对于这类用电，供电部门一般都是比较支持的，简化了不少的申请审批流程。只要能够满足供电条件的，比较容易完成申请审批。

④农业生产用电是以农村的种植、养殖业以及为之服务的其他用途的用电类型。由于申请合表用电的限制比较多，申请农业生产用电也就成了农村地区规避高电价用电的另一个重要选择。

申请农业生产用电一般只要是规模化的农业生产项目以及种植、养殖项目，能够起到一定的标杆示范作用，持村级以上证明或者是行业协会证书、营业执照等就可以办理农业生产用电的申请。

⑤排灌用电，由于它用电的特殊性，一般申请办理的难度较大，申请办理首先要具有县级部门的相关批文、证书等证明资料，且审批流程相对较长、审核部门较多。

综上所述，在农村地区的用电，除生活类的用电价格外，还有其他的用电类别。为了合理减少一些用电费用，可以通过用电申请，进行改类或者新装用电，在保持用电量不变的情况下，尽量减少电费支出。

看看人家

化州供电局：报装手续做“减法”打通堵点惠民生

“供电部门真的实现了‘一证’办理，我的新家可以如期用上电了，谢谢你们。”广东省化州市那务镇东门村的李先生新居装上电表后，他高兴地对前来服务的供电人员说道。

原来自2018年以来，化州市违法用地及违法建设现象渐露苗头，为有效遏制、处理违法用地及违法建设等行为，化州市人民政府要求办理用电需要的同时提供用地手续和规划手续。

按照原报装要求，李先生的新居只有规划手续而没有土地使用手续，暂时不符合报装用电要求。像李先生一家的情况在农村地区并不少见。

在农村，由于大部分农村自建房村民只有一个土地手续，对营商环境“获得电力”的便利度带来一定影响，对此，村民们有不少抱怨。就群众反映的办电“拥堵”现象，化州供电局经过多次与有关部门沟通协调，最终将办理用电手续由原来的“两证”简化为“一证”，让用电办理驶入便民“快车道”。

现在简化为“一证”办理，有一个手续就可以报装了。李先生在规划手续批复下来之前，提前三个月就可以用上电了，于是出现了开头的一幕。

此举不但有效简化了化州市人民群众的用电报装手续，同时也是深化“放管服”的改革，是解决群众办事创业堵点痛点的一大举措。

（摘自茂名市人民政府网站，2021年11月2日，有删改）

3. 农村用气

为什么要在农村推行“煤改气”

“煤改气”是将烧煤炭改为烧天然气的简称。在农村实行“煤改气”，可以有效治理大气污染，改善空气环境质量，提升生态文明建设水平，有序推进清洁能源建设，提高农村生活质量。对于散煤取暖模式的改造，各地可按照本地的资源、气候等条件因地制宜推进，不宜采取“一刀切”的方式。

近些年农村一直在推行“煤改气”工程，把原有的煤炉改成天然气。那么“煤改气”工程有哪些好处呢？

①安全性更高。过去经常有农村老人因为使用煤炉供暖导致煤气中毒的情况。进行“煤改气”之后，天然气上装有防泄装置，可以在发生泄漏的第一时间发现并进行解除。

②减少环境污染。煤球在燃烧的过程中会产生废水、废气和废渣，同时产生二氧化硫和氮氧化物等有毒气体。天然气主要成分是甲烷，还有少量的乙烷、丙烷和丁烷，这些烷类气体的燃烧更加环保且无污染。

③节省存储空间。“煤改气”节省了煤球的存储空间。使用煤球必须在房屋里放置大量煤球，不仅占空间，而且很容易对房间墙体造成污染。改成天然气以后，就可以减少煤球对房间空间的占用和污染。

④降低劳动强度。烧煤的话，每年都要有几次购买煤球、堆叠煤球的劳作，改成天然气后就可以减少这项劳动了。

⑤热效率更高。天然气的热效率大概在95%以上，燃煤效率大概在65%～70%。相对来说，天然气更节能，而且热效率更高。同时，天然气一般配套有自动化的控制，即开即用，无需提前开

炉预热，也无需专人照看。

政府努力，村民配合，共同克服当前“煤改气”过程中遇到的一些困难

虽然“煤改气”有很多优点，但就目前来说，在农村推进“煤改气”还是存在一些问题。

①用不起——农民腰包“有心无力”。近年来，“煤改气”在改善农村居民生活环境、加速新型农村建设、进一步平衡城乡公共服务领域的配置差距等方面发挥了重要作用，但农村居民对政府补贴和低使用成本的期望明显高于其对环境效益和取暖效果的期望。“用不起”成为多数村民对天然气取暖的评价。

近年来，河北、山东两地的村民表示：用上天然气以后，屋里只能保持不是太冷，根本达不到以前烧煤的温度，价格却是以前的2～3倍，多花了钱还不暖和。如果让房间整天都保持暖和就得使劲烧，每天至少要花七八十元，一个采暖季要花近万元的取暖费，我们宁愿冻着。而有关机构调研结果显示，86%的农村居民期望取暖成本在2500元/年以下，超70%的农村居民期望在2000元/年以下。

虽然农村居民整体经济水平有所提高，但他们依然是价格敏感群体。当政府的环保政策和普通农民的收入不挂钩、价格超出其承受能力范围时，国家战略高度的环保政策与实实在在摸得着

的“腰包”相比仍较为抽象，极易出现“改而不用”现象。

住房和城乡建设部发布的《全国城市燃气天然气利用规划》指出，我国家庭燃料费支出一般不应超过可支配收入的2%～3%。而唐山市统计局公布的《2020年12月唐山统计月报》显示：2020年，遵化市农村居民人均可支配收入为19878元，以4000元的天然气取暖费为例，仅此一项已占到当地村民人均可支配收入的20%，远超2%～3%的比例。

从实际情况来看，农村地区天然气费用支出普遍略高于预算，给农民带来不小负担。加之当前“空心村”问题日益凸显，大部分农村地区以中低收入家庭和失独、孤寡老人群体居多，他们对清洁能源的消费更是“有心无力”。

②用不好——安全隐患引担忧。农村“煤改气”不仅存在用不起的现实问题，如何用得好、用得安全也成为政府、企业和村民需要共同面对的问题。

部分燃气企业将管道架在村民大门横梁位置或搭建于危房之上的情况并不鲜见，不美观的同时也带来安全隐患。

农村房屋分散且结构各异，水电等基础设施建设缺乏统一标准，给燃气管道铺设、燃气设施规范化安装带来一定困难。同时，燃气管道存在管线设施与其他市政管线设施难以协调、户外管道难以避免碰撞等问题。在后期维护方面，农村燃气用户也需像城市燃气用户一样享受安全巡检、抢修抢险、设备更换等服务。

虽然农村“煤改气”在一些地方推行困难，但只要地方政府加大对农村使用天然气的补贴力度，并且广泛宣传天然气的优点、普及天然气使用常识和安全操作规程，农民朋友们肯定会逐步摒弃传统做饭的习惯，改用干净、清洁的能源。

安装使用天然气有关费用标准

（1）天然气入户费

天然气安装费用主要是铺设天然气管道费用，而天然气管道铺设与管道的长短及道路远近都是密切相关的。管道越长，道路越远，安装费用也就越高。由于每个村的实际情况不同，安装费用也不一样。一般情况下农村天然气安装费用多在4000~6000元之间。

（2）天然气补贴

购买及安装设备的补贴。补贴标准为农户购买燃气设备并安装后总费用的70%，此项补贴每户最高不超过2700元。

（3）“气代煤”用户不执行阶梯气价

普通天然气的收费是按照阶梯气价计算的。每年超过一定使用量再购气的话，购气收费标准会有所提高。

以长沙市为例，《湖南省居民生活用天然气阶梯价格实施办法》规定：第一档为年用气量390立方米（含本数），2.45元/立方米；第二档为年用气量390~600立方米（含本数），按现行居民生活用气价格的1.2倍计算，为2.94元/立方米；第三档为年用气量600立方米以上，按现行居民生活用气价格的1.5倍计算，为

3.68 元 / 立方米。

而农村“气代煤”用户一般执行固定气价，不执行阶梯气价，这无疑是一个大福利。

看看人家

农村也能用上管道燃气了！广州“送气下乡”拉近城乡距离

2021 年 11 月 18 日，广州市城市管理和综合执法局、广州发展集团相关工作人员为广州市增城区中新镇三星村管道天然气智能气站进行揭牌，正式宣告增城区中新镇三星村管道天然气工程竣工通气。随着该工程的竣工通气，三星村委、黄坭坑、石迳 3 个片区 8 个自然村纳入管道天然气覆盖范围，居住在覆盖范围内的 218 户居民，用上了和城镇居民相同的管道天然气。城乡的距离，因通了管道天然气而瞬间缩小。

增城区中新镇三星村管道天然气工程，是《广州市推进“送气下乡”试点工作的实施方案》印发后第一个试点工程。农村地区居民和城镇地区居民一样对美好生活有追求，“更方便地使用燃气”是城乡居民普遍希望获得的生活待遇。在市政规划和现状人口分布上，农村地区和城镇地区存在一定差异。如本轮“通气”的三星村，村民房屋分散且无基础地形图，让管道燃气进村存在相对较高的技术成本和运营成本。为了让三星村用上管道燃气，工程实施方对三星村进行路网测量和房屋位置测量，通过100多天的努力，为该村铺设了5公里埋地PE管、安装了4公里明装镀锌钢管，并建设了1座液化天然气智能供气装置。该村居民的燃气使用模式，从瓶装液化气时代的“瓶装供应，各家储存，自行保管”，过渡到管道天然气时代的“气源集中供应，微管网分散入户，企业远程在线监控”。除了让居民在管道天然气使用上获得城乡差距拉近之待遇，三星村管道天然气工程也为燃气单位日后继续在农村地区建设和运营管道天然气项目提供了经验。

（摘自“羊城派”网站，2021年11月18日，有删改）

七　农村广播电视、网络通信和邮政快递

1. 有线电视

广播电视的城乡基本公共服务实现均等化的目标逐渐从“村”落实到“人”

有线电视也叫电缆电视，是由无线电视发展而来，最初出现于1950年的美国宾夕法尼亚州。有线电视仍保留了无线电视的广播制式和信号调制方式，并未改变电视系统的基本性能。有线电视把录制好的节目通过线缆（电缆或光缆）传送给用户，再用电视机重新放出来，因不向空中辐射电磁波，所以又叫闭路电视。有线电视是一种由观众而不是资助者支付费用的付费电视。

2022年，国家广播电视总局《关于推进智慧广电乡村工程建设的指导意见》指出，“十四五”期间实施移动优先战略，基本实现由“户户通”向“人人通”升级发展。即要求广播电视基本公共服务的覆盖范围从村户精准到个人，覆盖方式从有线电视到移动5G，以实现国家政策的根本目标：使得基础公共服务能够全面、精准、便捷地触达每一个公民。

有线电视的优点

①由于电视信号通过线缆传输，不受高楼山岭等的阻挡，所以收视质量好。

②有线电视可以采用邻频传输，不像无线电视为防止干扰，在一个地区必须采用隔频发射，所以频谱资源能得以充分利用，能提供更多的频道。

③有线电视通过线缆还能实现信号的双向传输，能够提供交互式的双向服务，也可以很容易实现收费管理，开展多种有偿服务。

④有线电视台不需要昂贵的发射机和巨大的铁塔，所以建台费用低，有利于快速发展。

⑤有线电视系统不仅接收和转播大电视网的节目，还提供自己录制的具有不同专题内容的节目，为用户提供了更多的节目选择。

推进智慧广电乡村建设，实现农村广播电视向智慧型转变

2022年1月11日，国家广播电视总局印发《关于推进智慧广电乡村工程建设的指导意见》，提出到2025年，智慧广电乡村服务能力大幅提升，成为推进乡村振兴的重要力量。广大农村地区新一代信息技术加快应用，新业态、新模式、新场景得到广泛拓展，基本实现广播电视由功能型向智慧型转变。智慧广电公共服务优质高效、普惠便捷，基本实现城乡广播电视基本公共服务均等化。

一是加快推广高清超高清、沉浸式、互动、VR / AR / MR 等高新视听产品和服务，促进新兴内容产业发展。继续推进全国有线电视网络整合和广电 5G 建设一体化发展，推动农村有线电视网络数字化转型和光纤化、IP 化改造，促进资源向基层下沉、向乡村延伸，提升技术承载和综合服务能力。

二是积极参与数字政府、数字社会建设，参与数字城市、数字小镇建设，参与地方政务服务平台建设并向县、乡、村延伸，推动政务服务进电视、进手机。继续推进智慧广电服务“雪亮工程”和“平安乡村”建设，促进乡村公共安全视频监控体系建设和应用拓展。充分发挥应急广播体系在乡村治理中的作用，积极拓展气象服务、农技推广、灾害预警、综合治理和生态保护等应用场景和服务功能。

三是深入推进“智慧广电 + 公共服务”，积极开展智慧广电 + 公共文化、教育、医疗、养老等服务。主动融入国家文化数字化战略，积极参与文化大数据体系建设。通过直播卫星、有线电视、广电 5G 等方式服务乡村教育，积极开发场景式、体验式、互动式线上教学。推动智慧广电服务基层医疗，为群众提供可视化在线健康咨询、健康管理等医疗服务。

四是大力宣传乡村产业振兴生动实践，推广乡村振兴先进经验，为乡村振兴提供智力支持。更好发挥广播电视和网络视听文艺作品宣传推广效应，促进特色乡村、特色产业、特色农产品加快发展。鼓励广播电视相关机构建设电商服务平台，发展平台经济，推广“公益广告、节目+消费帮扶”“短视频、直播+消费帮扶”等模式，打造直播带货活动品牌。通过技术和服务支撑，积极参与农业农村和重要农产品信息化建设，参与乡村物流建设。积极创造条件，促进视听产业、数字经济在乡村加快发展。

有线电视收费是否为政府定价、是否还有装机费

每个地方有线电视收费标准不一样，一般来说，有线电视基本收视维护费实行政府定价；有线电视初装费、互动数字电视基本服务费以及基本收视维护费标准外的终端收视费等与有线电视

主营业务相关具有行业或者技术垄断的延伸服务收费实行政府指导价；增值业务服务收费实行市场调节价，由有线电视网络经营者根据经营成本和市场需求情况自主确定。

如广东省江门市有线数字电视收费标准如下：

①有线数字电视基本收视维护费实行政府定价。

居民用户。收视维护费主机每机每月26元，副机每机每月5元。

非居民用户。非居民用户（除居民用户以外）所有电视机终端一律视为主机，其基本收视维护费标准按居民用户主机标准的80%收取，具体收费标准由有线电视网络运营单位与用户协商确定。

②有线数字电视装机服务、IC卡补卡工本费收费标准，实行市场调节价。

看看人家

江苏高标准推进智慧广电乡镇（街道）建设，实现由“看电视”向“用电视”的新跨越

江苏省广电系统依托覆盖城乡的有线电视网络，发挥党媒政网民屏优势，率先在全国组织开展智慧广电乡村工程建设，积极探索“智慧广电+公共服务+社会治理+产业振兴”新路径，着力为农村地区提供更加优质的公共文化、涉农信息、乡村治理和产业支撑等服务，实现由“看电视”向“用电视”的新跨越。

2021年，江苏省广电系统以“200个智慧广电乡镇（街道）建设”纳入省政府年度民生实事项目为契机，高标准推动智慧广电乡村工程。

通过一年的建设，纳入省政府民生实事项目的“200个智慧广电乡镇（街道）建设”任务圆满完成。该任务完成后取得的成效有：“一镇一屏”覆盖3400多个村，有线网络双向化覆盖率达98%，高清电视普及率达80%，有效推动了有线网络、基础网络的提档升级和智慧业态的转型发展。

一是全省200个智慧广电乡镇全部建成“一镇一屏”。依托电视大屏传播主渠道，全面融入地方党建、文化、旅游、农业等地方特色内容，让基层党委政府“信息发布有了新渠道、党建工作有了新阵地、文化传播有了新平台”。

二是全省13个设区市、20多个县（市、区）开展试点“智慧广电＋社会治理”。推进党务、村务、财务网上公开，开展村民自治线上活动，促进村委会规范化建设，建立健全网格化、精准化、智慧化乡村综合治理体系。

三是新时代文明实践智慧云平台已覆盖全省37个实践中心、785个所、8175多个站。“智慧广电＋公共服务”融入文化大数据体系建设，参与新时代文明实践中心、数字博物馆、数字图书馆等公共文化服务建设。

四是利用智慧广电的传输覆盖以及数据采集计算能力，积极参与农业农村和重要农产品数字化建设，为农业精细化运作、农业信息监测预警、农产品仓储物流等涉农产业提供智慧融合服务。

（摘自江苏省人民政府网站，2021年12月31日，有删改）

2. 农村网络通信

网络从根本上改变农村的生产生活方式

相关统计显示，2021年农村地区互联网普及率已经达到57.6%。2021年全国农村网络零售额达2.05万亿元，同比增长14.5%。网络从根本上改变了农村的生产生活方式。目前，一些地方的农村已经率先实现高速宽带和5G全覆盖，超过97%的县城城区和40%的乡镇镇区实现了5G网络的覆盖。新一轮电信普遍服务将进一步支持自然村组、林场、牧场、重点区域和交通要道沿线等宽带网络覆盖，逐年加大农村5G网络建设支持力度。

农村如何安装宽带

①看自己可以安装哪家运营商的宽带。首先需要对自己村落

网线的布局以及接入进行了解，看自己所在村落可以安装哪家运营商的宽带，例如，移动、电信、长城等都是接入地区常见的宽带运营商，并且相对条件较好的村落都已经是光纤全面入户，已经具备光纤宽带的开通条件。

②携带个人有效身份证件到当地营业厅开通业务。知道自己要办理哪家运营商的宽带之后，携带个人有效身份证件，如身份证等，到营业厅办理相关开通业务，同时需要签订《互联网接入服务协议》，如实填写相关内容，遵守法律法规。

③按预约安装时间等待安装人员上门安装调试。开通业务后，需要预约安装人员上门接线和调试，并且在宽带安装完成后，及时修改自己的 Wi-Fi 密码以及加密，避免被别人盗用。现在办理宽带业务会附带一个路由器，需要交付押金，在宽带到期后交还路由器设备并退还押金。

数字乡村发展行动计划

2022 年 1 月，中央网信办、农业农村部、国家发展改革委、工业和信息化部、科技部、住房和城乡建设部、商务部、市场监管总局、广电总局、国家乡村振兴局 10 个部门印发《数字乡村发展行动计划（2022—2025 年）》。

该文件提出了两个阶段的发展目标。到 2023 年，数字乡村发展取得阶段性进展。网络帮扶成效得到进一步巩固提升，农村互联网普及率和网络质量明显提高，农业生产信息化水平稳步提升，“互联网＋政务服务”进一步向基层延伸，乡村公共服务水平持续提高，乡村治理效能有效提升；到2025年，数字乡村发展取得重要进展。乡村4G深化普及、5G创新启用，农业生产经营数字化明显加快，智慧农业建设取得初步成效，培育形成一批叫得响、质量优、特色显的农村电商产品品牌，乡村网络文化繁荣发展，乡村数字治理体系日趋完善。

该文件指出，充分发挥农村基层党组织领导作用，扎实有序做好乡村发展、乡村建设、乡村治理等重点工作，推动乡村振兴取得新进展、农业农村现代化迈出新步伐。以数字技术赋能乡村公共服务，推动“互联网＋政务服务”向乡村延伸覆盖。

宽带收费有没有统一的标准

各大运营商（中国移动、中国电信、中国联通）在农村的宽带安装业务，因自身提供的服务不同，资费和标准都各不相同。所处的农村是否有运营商提供服务、具体的资费及安装可以致电中国移动（10086）、中国电信（10000）、中国联通（10010）客服电话了解，或到当地营业厅进行了解和办理。

下面是三大运营商有代表性的宽带套餐资费，仅供参考：

中国移动、中国电信、中国联通宽带套餐资费表

	中国移动	中国电信	中国联通
套餐名称	5G 智享家庭版	5G 融合套餐	5G 融合套餐
宽带月费	198 元 / 月	229 元 / 月	199 元 / 月（预存活动享7折，折后 139 元 / 月）
国内语音	1000 分钟	600 分钟	1000 分钟
带宽	500Mbps	1000Mbps	1000Mbps
国内流量	60GB	40GB+50GB 定向流量	60GB
加装互联网电视	10 元 / 月	包含 4K 电视服务	IPTV 首年免费，第二年按 10 元 / 月收取功能费
可加副卡成员	2 人	2 人	—

注：资料收集于三大运营商网站，2022 年 7 月 7 日。

看看人家

重庆市荣昌区：开创生猪活体网市

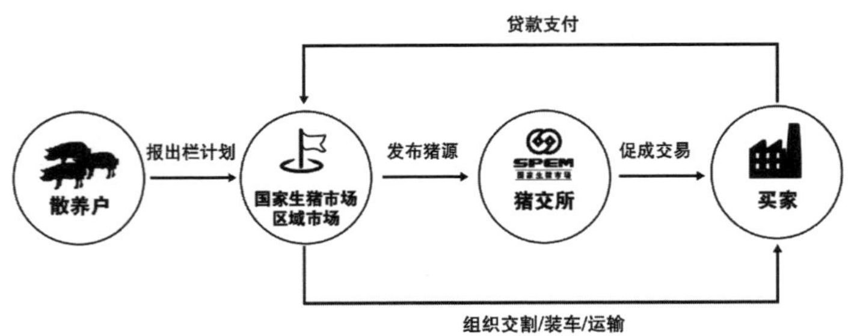

重庆市荣昌区借助大数据、物联网、云计算、区块链等技术，

创新打造“容易管”“容易养”“容易卖”“容易贷”四大平台，实现了生猪活体线上交易＋线下交收，将生猪养殖、贩运、屠宰置于“一网式”实时监管，成功开创了中国生猪活体网市。

开发生猪产业数字监管平台——“容易管”，打造非洲猪瘟防控与监测“荣昌模式”，打通政府服务“最后一公里”。

搭建生猪智能养殖平台——“容易养”，降低养殖户养殖成本和养殖风险，保障养殖户持续增收。

开设生猪线上交易平台——“容易卖”，有效解决生猪养殖户销路问题和采购户采购问题，提供生猪价格“晴雨表”，促进生猪市场保供稳价。

开设生猪金融服务平台——“容易贷”，通过生猪大数据实现数字资本化，切实解决生猪产业上下游企业“融资难、融资贵”问题，为生产赋能。

（摘自搜狐网，2022年3月24日，有删改）

看看人家

江苏省丰县：拓展优化农业农村大数据平台

近年来，江苏省徐州市丰县积极推动“数字新动能”向农业农村延展，促进了信息技术与农业农村全面深度融合。

打造农业大数据归集共享平台。基于智慧丰县“城市公共信息平台”“城市公共基础数据库”和“丰县经济大脑”建设成果，立足丰县是农业大县的实际，拓展建设了包含16个子系统的农业大数据平台。

打造数字农牧场管理平台。采用“互联网＋设施农业”模式，以及大数据、物联网、人工智能、GIS等现代技术，打造了数字化农牧场管理平台，努力实现智能采集畜牧和作物生长大数据，建立本区域畜牧和作物生长模型，为畜牧和作物提供最优化的管理。

打造农村人居环境智能监测平台。依托数字丰县“城市大脑”数据运行中心，建立了垃圾收运、污水治理、农废处置等全方位、全天候的农村人居环境智能监测平台。

（摘自《经济日报》，2021年12月9日，有删改）

看看人家

信息化新技术助力农民种地

周位起是河南浚县种粮大户，通过站在田边点击手机屏幕，就可以操纵着麦田里半径近500米的中心支轴式喷灌机。“小麦灌浆期及时灌溉很重要，现在用手机进行农田管理，几乎不会错过农时了。”周位起说。

喷灌机的速度、水量、水枪角度都可以通过手机控制。在他的操作下，喷灌机尾部水枪不断改变角度，喷射出水雾。安装在喷灌机上的摄像头实时传输着灌溉作业时的画面，即使远程操作，也可以确保灌溉不留死角。用上了这些新技术，平时十几个人就顾得过来，在家里就能种地。

（摘自新华社，2020年5月15日，有删改）

3. 农村邮政快递

邮政普通包裹寄递服务资费标准

根据《关于调整完善邮政普通包裹寄递资费体系结构有关问题的通知》，邮政企业寄递单件重量不超过10千克、每立方分米重量不低于167克普通包裹（以下简称“邮政普通包裹”）服务资费，实行政府指导价。企业可以在不超过国家规定资费标准范围内，根据市场供求竞争状况、用户承受能力等因素自主确定具体资费水平。邮政普通包裹寄递服务资费按照省级行政区划、省会城市之间邮运距离，设置31个计费区、6档资费，区分首重、续重计费，首重、续重计费单位重量均为1千克，不再另收挂号费。县级以上城区所有邮政普通包裹以及乡镇人民政府所在地单件重量5千克（含）以内邮政普通包裹按地址实物投递，乡镇其他地区单件重量5千克（含）以内邮政普通包裹投递到村邮站、村委会等接收邮件的固定场所。

邮政普通包裹寄递服务资费上限标准

单位：元

资费标准		首重1千克	每续重1千克
一档	省份面积小于70万平方公里的省内寄递（除新疆、西藏、内蒙古和青海以外所有省份）	5	1
二档	省份面积大于70万平方公里的省内寄递（新疆、西藏、内蒙古和青海四省、自治区）	6	1.5
	相邻省和省会距离不超过500公里的省际寄递	6	1.5
三档	省会距离500~1000公里（含）的省际寄递	7	2
四档	省会距离1000~2000公里（含）的省际寄递	8	3
五档	省会距离2000~3000公里（含）的省际寄递	9	4
六档	省会距离3000公里以上的省际寄递	10	5

村邮达

为承担央企责任，切实保障乡村居民用邮需求，中国邮政正式宣布：推出快递包裹“村邮达”服务产品。

“村邮达”是中国邮政推出的一项快递包裹承诺服务产品，面向邮政快递包裹乡镇和村的收件人。针对“村邮达”邮件，中国邮政郑重承诺：拒绝二次收费。

不向收件人收取任何额外投递费用。收件人地址在建制村的，确保投递到村。邮政快递包裹电子面单上含有右图标识的，即为“村邮达”邮件，享受服务承诺。

广东省全面实施“快递进村”工程，完善农村现代商贸物流体系

根据广东省人民政府印发的《广东省推进农业农村现代化“十四五”规划》，广东省“十四五”期间着力完善现代商贸物流体系，实施农村居民消费促进行动，优化农村消费环境。

一是全面实施“快递进村”工程，坚持助农惠农完善现代商贸物流体系。推动邮政、快递企业加强与农业、供销、电商等企事业单位合作，共建共享网点服务资源，支持智能投递终端“下乡”，推进村邮站建设。支持邮政、快递企业参与电子商务进农村、信息进村入户和“互联网+”农产品出村进城等工程，推进邮政快递下乡与电商服务站点、农村信息服务平台等对接，构建农产品寄递网络，促进农产品出村进城。

二是着力挖掘农村网购消费潜力。统筹实施城乡高效配送专项行动，畅通城乡双向联动销售渠道。发挥邮政系统、供销社系统在农村的网点布局优势，引导电商企业在乡镇和农村建设服务网点，优化便民消费平台。鼓励银行、保险、邮政等机构与服务主体进行深度合作，实施供销、邮政服务带动小农户工程。

三是实施乡镇与农村地区基础网络完善工程。深入推进电子商务进农村和农产品出村进城，完善健全农村现代流通网络体系，加快以中心镇为单位的物流配送中心、专业批发市场、冷链仓储物流等设施建设，开展县至乡镇、沿途行政村的双向货物运输配送服务。

看看人家

江苏如东"邮政快递"助力滞销农产品走出去

江苏省如东县沿海地区有大片的梨园种植地，种植有"翠冠""丰水"等优质品种的蜜梨。受疫情影响，丰收时节大量梨子滞销，果农们开始犯难：蜜梨的保质期只有7天左右，放在冷库里虽然能拉长销售期，但会让梨子变软而影响销售。

为帮助当地果农解决蜜梨销售难题，如东邮政牵手如东金沙滩果蔬专业合作社，在"融E家+邮乐网"自有平台销售的基础上，借助省邮政分公司联合江苏银行打造的"嗨享夏日"平台，推出线上客户回馈"优惠购蜜梨"活动。线下则发挥公司能人营销作用，鼓励员工利用人脉优势，积极推销蜜梨。安排专人在每个梨上粘贴溯源码，让消费者通过溯源码查询到每个梨子的绿色食品证书、检测报告及种植、采摘、包装等详细过程，实现"来源可查，去向可追，责任可究"。同时将邮政的线上商城加入标识码，方便客户直接扫码进行二次回购。

如东邮政还建立农产品从原产地合作社直接发货寄递至终端消费者的快速通道，提供“销售 + 寄递”的 B2C 综合服务模式。寄递事业部全面承接蜜梨的线下配送及寄递服务，为实现产品快速运输，线上全部采取 EMS 寄递方式，确保江浙沪“次日达”。

（摘自《扬子晚报》，2021 年 8 月 24 日，有删改）

看看人家

打通快递进村“最后一公里”，广西平南农民网上购物、“龙眼进城”没障碍

在我国西部地区大多数农村，由于交通不便、居住人口少等原因，快递进村“最后一公里”是一大难题。

而对于广西贵港市平南县大洲镇坦坡村来说，这里的村民取快递十分方便。因为中国邮政平南县分公司通过搭建县、乡、村三级快递物流网络架构，优化邮路组织，建设县、乡、村三级快递物流节点。以与京东、顺丰等民营快递企业试点开展业务合作的方式，平南稳步推进县、乡、村三级快递物流体系建设，把快递送到村里的邮政综合便民服务站。

村民邱金凤就是三级物流体系的受益者之一。她曾在快递业

务最发达的浙江省工作，当时由于工作繁忙，她经常网购生活用品，是个十足的“剁手党”。后来，为照顾家人，她返乡在村里的小型制衣厂工作。虽然回到了村里，但逛各类电商平台依然是她生活的一部分，加上坦坡村远离大城市，没法逛商场，这更成为她空闲时不可缺少的乐趣。

几年前由于快递没进村，取快递一度成为她的“难事”。自从邮政把快递送到村后，她网购方便了许多，家里的生活用品基本都是网上买的。

每年7月下旬至8月中旬，是平南县石硖龙眼成熟上市的季节。中国邮政平南县分公司与平南县高寨荔枝龙眼种植专业合作社的龙眼种植户合作，建立了全国“邮乐农品”石硖龙眼基地。通过接受邮政自有电商平台和多家社会电商平台的抛单，依托县、乡、村三级快递物流体系，从石硖龙眼基地直接发货，日均2000多件石硖龙眼邮件寄给全国各地的客户，助力当地新鲜的石硖龙眼进城销售；同时通过乡镇邮所、村屯邮政综合便民服务站收寄种植户前来寄递的龙眼邮件，让他们足不出村即可寄递龙眼。

此外，中国邮政平南县分公司依托县、乡、村三级快递物流体系，积极服务平南县大安镇服装、同和镇香料、官成镇红薯干等乡镇电商产业集群市场，较好地服务了当地特色产业的发展。

（摘自北青网，2021年10月8日，有删改）

哪些物品不能寄递

根据《禁止寄递物品管理规定》所附《禁止寄递物品指导目录》可知，快递违禁物品有19类。

（1）枪支（含仿制品、主要零部件）弹药

①枪支（含仿制品、主要零部件）：如手枪、步枪、冲锋枪、防暴枪、气枪、猎枪、运动枪、麻醉注射枪、钢珠枪、催泪枪等。

②弹药（含仿制品）：如子弹、炸弹、手榴弹、火箭弹、照明弹、燃烧弹、烟幕（雾）弹、信号弹、催泪弹、毒气弹、地雷、手雷、炮弹、火药等。

（2）管制器具

①管制刀具：如匕首、三棱刮刀、带有自锁装置的弹簧刀（跳刀）及其他相类似的单刃、双刃、三棱尖刀等。

②其他：如弩、催泪器、催泪枪、电击器等。

（3）爆炸物品

①爆破器材：如炸药、雷管、导火索、导爆索、爆破剂等。

②烟花爆竹：如烟花、鞭炮、摔炮、拉炮、砸炮、彩药弹等烟花爆竹及黑火药、烟火药、发令纸、引火线等。

③其他：如推进剂、发射药、硝化棉、电点火头等。

（4）压缩和液化气体及其容器

①易燃气体：如氢气、甲烷、乙烷、丁烷、天然气、液化石油气、乙烯、丙烯、乙炔、打火机等。

②有毒气体：如一氧化碳、一氧化氮、氯气等。

③易爆或窒息、助燃气体：如压缩氧气、氮气、氦气、氖气、气雾剂等。

（5）易燃液体

如汽油、柴油、煤油、桐油、丙酮、乙醚、油漆、生漆、苯、酒精、松香油等。

（6）易燃固体、自燃物质、遇水易燃物质

①易燃固体：如红磷、硫磺、铝粉、闪光粉、固体酒精、火柴、活性炭等。

②自燃物质：如黄磷、白磷、硝化纤维（含胶片）、钛粉等。

③遇水易燃物质：如金属钠、钾、锂、锌粉、镁粉、碳化钙（电石）、氰化钠、氰化钾等。

（7）氧化剂和过氧化物

如高锰酸盐、高氯酸盐、过氧化氢、过氧化钠、过氧化钾、过氧化铅、氯酸盐、溴酸盐、硝酸盐、双氧水等。

（8）毒性物质

如砷、砒霜、汞化物、铊化物、氰化物、硒粉、苯酚、汞、剧毒农药等。

（9）生化制品及传染性、感染性物质

如病菌、炭疽、寄生虫、排泄物、医疗废弃物、尸骨、动物器官、肢体、未经硝制的兽皮、未经药制的兽骨等。

（10）放射性物质

如铀、钴、镭、钚等。

（11）腐蚀性物质

如硫酸、硝酸、盐酸、蓄电池、氢氧化钠、氢氧化钾等。

（12）毒品及吸毒工具、非正当用途麻醉药品和精神药品、非正当用途的易制毒化学品

①毒品、麻醉药品和精神药品：如鸦片（包括罂粟的壳、花、苞、叶）、吗啡、海洛因、可卡因、大麻、甲基苯丙胺（冰毒）、氯胺酮、甲卡西酮、苯丙胺、安钠咖等。

②易制毒化学品：如胡椒醛、黄樟素、黄樟油、麻黄素、伪麻黄素、羟亚胺、邻酮、苯乙酸、溴代苯丙酮、醋酸酐、甲苯、丙酮等。

③吸毒工具：如冰壶等。

（13）非法出版物、印刷品、音像制品等宣传品

如含有反动、煽动民族仇恨、破坏国家统一、破坏社会稳定、宣扬邪教、宗教极端思想、淫秽等内容的图书、刊物、图片、照片、音像制品等。

（14）间谍专用器材

如暗藏式窃听器材、窃照器材、突发式收发报机、一次性密

码本、密写工具、用于获取情报的电子监听和截收器材等。

（15）非法伪造物品

如伪造或者变造的货币、证件、公章等。

（16）侵犯知识产权和假冒伪劣物品

①侵犯知识产权：如侵犯专利权、商标权、著作权的图书、音像制品等。

②假冒伪劣：如假冒伪劣的食品、药品、儿童用品、电子产品、化妆品、纺织品等。

（17）濒危野生动物及其制品

如象牙、虎骨、犀牛角及其制品等。

（18）禁止进出境物品

如有碍人畜健康的、来自疫区的以及其他能传播疾病的食品、药品或其他物品；内容涉及国家秘密的文件、资料及其他物品。

（19）其他物品

《危险化学品目录》《民用爆炸物品品名表》《易制爆危险化学品名录》《易制毒化学品的分类和品种目录》《中华人民共和国禁止进出境物品表》载明的物品和《人间传染的病原微生物名录》载明的第一、二类病原微生物等，以及法律、行政法规、国务院和国务院有关部门规定禁止寄递的其他物品。

八　农用物资

农用物资简称“农资”，如农业运输机械、生产及加工机械、农药、种子、化肥、农膜等。

1. 农药

什么是农药

按照《中国农业百科全书·农药卷》的定义，农药主要是指用来防治危害农、林、牧业生产的有害生物（害虫、害螨、线虫、病原菌、杂草及鼠类）和调节植物生长的化学药品，但通常也把改善有效成分物理、化学性状的各种助剂包括在内。

农药分类

为便于管理和使用，通常根据农药的来源、成分、防治对象或作用方式、作用机理等进行分类。

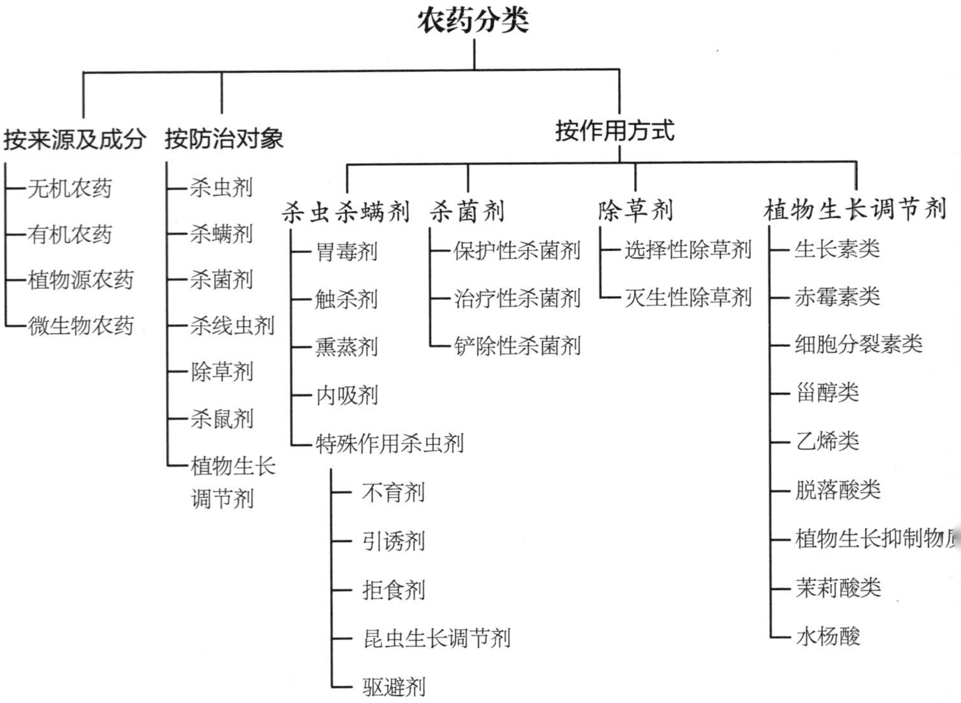

农药分类

- 按来源及成分
  - 无机农药
  - 有机农药
  - 植物源农药
  - 微生物农药
- 按防治对象
  - 杀虫剂
  - 杀螨剂
  - 杀菌剂
  - 杀线虫剂
  - 除草剂
  - 杀鼠剂
  - 植物生长调节剂
- 按作用方式
  - 杀虫杀螨剂
    - 胃毒剂
    - 触杀剂
    - 熏蒸剂
    - 内吸剂
    - 特殊作用杀虫剂
      - 不育剂
      - 引诱剂
      - 拒食剂
      - 昆虫生长调节剂
      - 驱避剂
  - 杀菌剂
    - 保护性杀菌剂
    - 治疗性杀菌剂
    - 铲除性杀菌剂
  - 除草剂
    - 选择性除草剂
    - 灭生性除草剂
  - 植物生长调节剂
    - 生长素类
    - 赤霉素类
    - 细胞分裂素类
    - 甾醇类
    - 乙烯类
    - 脱落酸类
    - 植物生长抑制物质
    - 茉莉酸类
    - 水杨酸

资料来源：《绿色高效农药使用手册》，中国农业科学技术出版社 2020 年 3 月版

（1）按来源及成分分类

①无机农药。指由天然矿物原料加工、配制而成的农药，又称为矿物性农药。其有效成分一般是无机的化学物质或各种盐类，常见的有石灰、硫磺、砷酸钙、磷化铝、硫酸铜等。

②有机农药。主要指由C、H、O等元素构成的一类农药，多数指用有机合成方法制得的农药。

③植物源农药。指用天然植物加工制造的农药，所含有效成分是天然有机化合物，如烟草、除虫菊、鱼藤、印楝等。

④微生物农药。指用微生物及其代谢产物制造而成的农药，如苏云金杆菌Bt、农用抗生素、井冈霉素、乙基多杀菌素等。

（2）按防治对象分类

按农药的主要防治对象分类，这是化学农药最基本的分类方法。主要有以下几类：

①杀虫剂。指对有害昆虫有直接毒杀作用，或通过其他途径控制其种群形成或可减轻、消除害虫为害程度的农药。

②杀螨剂。指防除植食性有害螨类的农药。

③杀菌剂。指对病原微生物能起到杀死、抑制或中和其有毒代谢物的作用，而使植物及其产品免受其为害或消除病症的农药。

④杀线虫剂。指用来防治植物病原线虫的农药。

⑤除草剂。指用来防除杂草的农药。

⑥杀鼠剂。指用于防治各种有害啮齿类动物的农药。

⑦植物生长调节剂。指仿照植物内源激素的化学结构，人工合成的具有植物生理活性的物质，可控制、促进或调节植物生长发育的农药。

（3）按作用方式分类

①杀虫杀螨剂。许多杀虫剂兼有杀螨作用，一般兼有杀螨作

用的杀虫剂又称杀虫杀螨剂。根据杀虫剂的作用方式可分为以下几种：

胃毒剂。指药剂通过害虫取食而进入消化系统，再到达靶标才可起到毒杀作用的杀虫剂。例如，砷酸类杀虫剂主要是胃毒作用杀虫，所以对蝗虫、蝼蛄、黏虫等咀嚼式口器害虫具有良好的防效，而对蚜虫、飞虱等刺吸式口器害虫几乎无效。

触杀剂。指药剂通过体壁及气门进入害虫、害螨体内，而起到毒杀作用的杀虫剂。目前市场上大量应用的品种，有机磷、氨基甲酸酯类农药，大多是以触杀作用为主兼有胃毒作用的药剂，适用于各种口器的害虫。但对介壳虫等体表具有较厚蜡层保护的害虫，则防治效果一般。

熏蒸剂。指能够在常温下气化为有毒气体，通过呼吸系统进入害虫体内，使之中毒死亡的杀虫剂，如溴甲烷、磷化铝、氢氰酸等。熏蒸剂一般应在密闭条件（如粮库）下或在特殊情况下（如土壤熏蒸）使用，否则效果不佳。

内吸剂。指药剂被植物的茎、叶、根或种子吸收而进入植物体内，并在植物体内传导扩散或产生更强毒性的代谢物，使取食植物的害虫（螨）中毒死亡的杀虫剂。氯化烟酰类杀虫剂具有良好的内吸活性，如啶虫脒、吡虫啉等。

特殊作用杀虫剂。这类杀虫剂不直接杀死害虫、害螨，而是通过药剂的特殊作用功能，干扰或破坏昆虫的正常生理活动和行为，或影响其后代的繁殖，或降低害虫适应环境的能力等。

②杀菌剂。杀菌剂按作用方式通常分为以下几种：

保护性杀菌剂。指在病害流行前（即当病原菌接触寄主或侵入寄主之前）将药剂均匀喷洒在植物体表或施用于植物体可能受害的部位，通过预防病原微生物入侵与传播，达到保护植物不受侵染的一类杀菌剂。

治疗性杀菌剂。指在植物发病后施用，以抑制病菌的生长或致病过程，使植物病害停止发展或使植株恢复健康的一类杀菌剂，如硫磺直接杀死病原菌；具有内渗作用的杀菌剂，可渗入到植物组织内部而杀死病菌；内吸杀菌剂直接进入植物体内，随着植物体液运输传导而起治疗作用。

铲除性杀菌剂。指对病原菌有直接强烈杀伤作用的杀菌剂。这类杀菌剂常为植物生长期不能忍受，一般只用于播种前土壤处理、植物休眠期或种苗处理。

③除草剂。除草剂按作用方式可分为选择性除草剂和灭生性除草剂：

选择性除草剂。即在一定的浓度和剂量范围内杀死或抑制部分植物而对另外一些植物安全的除草剂，如丙草胺。

灭生性除草剂。即在常用剂量下可以杀死所有接触到药剂的绿色植物体的除草剂，如草铵膦。

④植物生长调节剂。植物生长调节剂的特点是微量和调控植物生理活动，按作用方式可分为以下9种：

生长素类。可促进植物细胞伸长，促进发根，促进未受精子房膨胀形成单性结实，促进形成愈伤组织，延迟或抑制植物离层的形成。如吲哚乙酸（IAA）、萘乙酸、防落素、复硝铵、4－氯苯氧乙酸、增产灵等。

赤霉素类。可打破植物体某些器官的休眠，促进长日照植物开花，促进茎叶伸长生长，改变某些植物雌雄花比率（促进雄花分化），诱导单性结实，提高植物体内酶活性。

细胞分裂素类。可促进细胞分裂，诱导离体组织芽的分化，抑制或延缓叶片组织衰老。如细胞分裂素（CTK）、6－呋喃甲基腺嘌呤（激动素、KT）、玉米素、苄基嘌呤（6－BA）、噻苯隆、异戊烯腺嘌呤（2－ip）、四氢吡喃苄基腺嘌呤（PBA）等。

甾醇类。有生长素、赤霉素、细胞分裂素的部分生理作用，对植物细胞伸长和分裂均有促进作用。如丙酰芸苔素内酯、表高芸苔素内酯、表芸苔素内酯。

乙烯类。可促进果实成熟，促进叶子、花、果实脱落，促进不定根的形成，并可诱导花芽分化、抑制细胞的伸长生长。如乙烯利。

脱落酸类。促进休眠，促进器官衰老、脱落和气孔关闭，抑制萌发，阻滞植物生长等。脱落酸在进入休眠或将要脱落的植物器官中含量较高，目前没有商品化的产品。

植物生长抑制物质。又可分为植物生长延缓剂和植物生长抑制剂。

植物生长延缓剂：对亚顶端分生组织有暂时抑制作用，延缓细胞的分裂与伸长生长，药效一过植物即可恢复生长，其效用可被赤霉素逆转。

植物生长抑制剂：可抑制植物徒长，培育壮苗，延缓茎叶衰老，推迟成熟，诱导花芽分化，控制顶端优势，改造株型等。抑制剂对顶芽和分生组织都有破坏作用，抑制作用不可逆转。如矮壮素（CCC）、比久（B9）、缩节胺（调节啶）、多效唑。

茉莉酸类（JAs）。抑制生长和萌发，促进生根，促进衰老，抑制花芽分化，提高植物抗逆性等。如茉莉酸甲酯。

水杨酸（SA）。可诱导开花，增强抗逆性（抗低温）。

农药安全

①按照“安全、经济、有效”的原则，尽可能选择高效、低毒的农药品种。使用农药前要认真阅读农药使用说明书，正确安全使用农药。

②配药应在远离饮用水和居民点的地方进行，使用后的农药包装物要进行回收处理，切不可用农药瓶、农药袋来装食品和饮用水。

③配药、施药和搬药时，要戴口罩、胶手套，穿长袖衣裤、鞋袜，要防止药剂沾染皮肤、眼睛。

④施药、搬药过程中不得喝酒、饮水、抽烟、吃东西，不能

讲话、嬉戏，不能用手擦嘴、脸、眼睛。喷药后，若需进食、饮水、抽烟，应先洗手、洗脸、漱口。每天搬药或施药时间不得超过6个小时。

⑤使用喷雾器喷药时不要迎风操作，不要左右两边同时喷射，应隔行喷射， 最好能倒退行走操作。 大风和中午高温时应停止施药。

⑥不要让儿童及怀孕期、哺乳期、月经期的妇女施药。

⑦施用过高毒农药的地方要竖立警戒标志， 防止人畜、家禽进入。

⑧若不慎沾染农药， 应立即更换衣服， 用肥皂水冲洗皮肤。如发生头晕、呕吐等农药中毒症状， 应立即送医救治， 并出示曾使用过的农药标签，以便医生对症下药。

禁限用农药名单

农药经营应取得经营许可证， 农药使用应按照标签规定的使用范围、安全间隔期用药， 不得超范围用药。剧毒、高毒农药不得用于防治卫生害虫， 不得用于蔬菜、瓜果、茶叶、菌类、中草药材的生产，不得用于水生植物的病虫害防治。

（1）禁止（停止）使用的农药（46种）

六六六、滴滴涕、毒杀芬、二溴氯丙烷、杀虫脒、二溴乙烷、除草醚、艾氏剂、狄氏剂、汞制剂、砷类、铅类、敌枯双、氟乙酰胺、甘氟、毒鼠强、氟乙酸钠、毒鼠硅、甲胺磷、对硫磷、甲基对硫磷、久效磷、磷胺、苯线磷、地虫硫磷、甲基硫环磷、磷化钙、磷化镁、磷化锌、硫线磷、蝇毒磷、治螟磷、特丁硫磷、氯磺隆、胺苯磺隆、甲磺隆、福美胂、福美甲胂、三氯杀螨醇、林丹、硫丹、溴甲烷、氟虫胺、杀扑磷、百草枯、2,4-滴丁酯。

注：氟虫胺自2020年1月1日起禁止使用。百草枯可溶胶剂自2020年9月26日起禁止使用。2,4-滴丁酯自2023年1月29日起禁止使用。溴甲烷可用于“检疫熏蒸处理”。杀扑磷已无制剂登记。

（2）在部分范围禁止使用的农药（20种）

通用名	禁止使用范围
甲拌磷、甲基异柳磷、克百威、水胺硫磷、氧乐果、灭多威、涕灭威、灭线磷	禁止在蔬菜、瓜果、茶叶、菌类、中草药材上使用，禁止用于防治卫生害虫，禁止用于水生植物的病虫害防治
甲拌磷、甲基异柳磷、克百威	禁止在甘蔗作物上使用
内吸磷、硫环磷、氯唑磷	禁止在蔬菜、瓜果、茶叶、中草药材上使用
乙酰甲胺磷、丁硫克百威、乐果	禁止在蔬菜、瓜果、茶叶、菌类和中草药材上使用
毒死蜱、三唑磷	禁止在蔬菜上使用
丁酰肼（比久）	禁止在花生上使用
氰戊菊酯	禁止在茶叶上使用
氟虫腈	禁止在所有农作物上使用（玉米等部分旱田种子包衣除外）
氟苯虫酰胺	禁止在水稻上使用

2. 化肥

什么是化肥

化学肥料，简称化肥，用化学和（或）物理方法制成的含有一种或几种农作物生长需要的营养元素的肥料，也称无机肥料，包括氮肥、磷肥、钾肥、微肥、复合肥料等，不可食用。

它们具有以下一些共同的特点：成分单纯，养分含量高；肥效快，肥劲猛；某些肥料有酸碱反应；一般不含有机质，无改土培肥的作用。

化学肥料种类较多，性质和施用方法差异较大。

化肥分类

近几年随着我国农业的发展，农资行业的各种化肥琳琅满目，但是不论怎样变化，化肥的种类都是固定的。以下是常规化肥的种类以及成分和作用介绍。

（1）按肥效快慢分类

①大部分的氮肥品种，磷肥中的普通过磷酸钙等，钾肥中的硫酸钾、氯化钾等，都是化肥。这种化肥施入土壤后，随即溶解

于土壤溶液中而被作物吸收，速度很快。化肥一般用作追肥，也可用作基肥。

②缓效肥料常作为基肥使用。缓效肥料也称长效肥料、缓释肥料，这些肥料养分所呈现的化合物或物理状态，能在一段时间内缓慢释放，供植物持续吸收和利用，即这些养分施入土壤后，难以立即为土壤溶液所溶解，要经过短时的转化，才能溶解，才能见到肥效。但肥效比较持久，肥料中养分的释放完全由自然因素决定，并未加以人为控制，如钙镁磷肥、钢渣磷肥、磷矿粉、磷酸二钙、脱氟磷肥、磷酸铵镁、偏磷酸钙等。一些有机化合物有脲醛、亚丁烯基二脲、亚异丁基二脲、草酰胺、三聚氰胺等，还有一些含添加剂（如硝化抑制剂、脲酶抑制等）或加包膜肥料，前者如长效尿素，后者如包硫尿素都被列为缓效肥料。其中长效碳酸氢铵是在碳酸氢铵生产系统内加入氨稳定剂，使肥效期由30～45天延长到90～110天，氮利用率从25%提高到35%。

③控释肥料属于缓效肥料，是指肥料的养分释放速率、数量和时间可由人为设计，是一类专用型肥料，养分释放动力得到控制，使其与作物生长期内养分需求相匹配。如蔬菜50天、稻谷100天、香蕉300天等和各生育段（苗期、发育期、成熟期）需配予的养分是不同的。控制释放的手段中，易行的是包膜方法，可以选择不同的包膜材料、包膜厚度以及薄膜的开孔率来达到释放速率的控制。控制养分释放的因素一般受土壤的湿度、温度、酸碱度等影响。

（2）按酸碱性质分类

①酸性化学肥料。酸性化肥分为两种：一种是化学酸性肥料，它的水溶液呈酸性反应，如普通过磷酸钙；另一种是生理酸性肥料，它的水溶液呈中性，但施入土壤后，一部分被作物吸收，另一部分遗留在土壤中，呈酸性，如氯化铵、硫酸铵、硫酸钾等。

②碱性化学肥料。碱性化肥分为两种：一种是化学碱性肥料，它的水溶液呈碱性反应，如液氨、氨水等；另一种是生理碱性肥料，它的水溶液呈中性，但施入土壤后，未被作物吸收的一部分遗留在土壤中呈碱性，如硝酸钠、硝酸钙等。

③中性化学肥料。中性化肥的水溶液既非酸性，也非碱性，施入土壤后不呈酸性或碱性，因此可适用于任何土壤，如尿素。

（3）按所含养分种类多少分类

①单元化学肥料，指只含氮、磷、钾三种主要养分之一者，也称单质化肥，如硫酸铵只含氮素，普通过磷酸钙只含磷素，硫酸钾只含钾素。

②多元化学肥料，指化肥中含有三种主要养分的两种或两种以上的，如磷酸铵含有氮和磷。

③完全化学肥料，指化肥中含有作物生长发育所需的多种养分。

（4）按形态分类

①固体化肥。在工厂中制成结晶状、颗粒状或粉末状的固体形态的化肥，这在包装、运输和施用方面很适合我国的农业

技术水平。

②液体化肥。在工厂中制成液体形态的化肥，如液氨、氨水、溶液肥料以及胶体肥料等，既可根际施肥，也可叶面施肥。它的生产成本较低，但需要相应的贮存和施用机具，适用于机械化的农田。

3. 农药、肥料购买注意事项

购肥料、农药前要注意

请到有经营执照、农药经营许可证、固定场所的肥料、农药经营门店购买合格产品，并索取相关销售票证，不要购买流动摊贩售卖的肥料、农药。

购肥料、农药时要注意

选购农药标签上有“三证”，即农药登记证、产品标准号、生产许可证的放心农药和有效期内的农药。选购肥料应有登记证号或备案号（除免予登记肥料外）和执行标准；复（混）合肥一定是要标明 N-P2O5-K2O 的含量，比如 N-P2O5-K2O（15-15-15）则表示肥料中的氮元素含量为 15%、磷元素含量为 15%、钾元素含量为 15%；选购外包装质量合格、未拆封过的；选购时要注意产品质量在保质期内的。

购肥料、农药后要注意

保留“三证”（购销凭证、包装、产品）。购买肥料、农药时要向商家索要销售凭证，保存外包装袋，保存产品样品。确保购买的肥料、农药出问题的时候可以作为索赔的证据。

使用肥料、农药要注意

要严格按照经营者或者生产厂家提供的措施和使用条件进行

科学合理地施肥用药，尤其在使用农药时要注意做好安全防护和用药时人身安全。鼓励广大农民朋友积极多用有机肥替代化肥，积极采用绿色防控手段减少化学农药使用，不可随意丢弃肥料、农药等包装废弃物。

九　农村公共文化服务

1. 农民朋友同样需要精神文化的滋养

满足农民公共文化需求

公共文化是指由政府主导、社会参与形成的普及文化知识、

传播先进文化、提供精神食粮，满足人民群众文化需求，保障人民群众基本文化权益的各种公益性文化机构和服务的总和。

农村公共文化则是指农村文化中为满足农民公共文化需求的部分，主要表现为四个方面：第一，满足农民的基本文化权利，如看电影、看电视、看演出等活动；第二，具有较强公共性的农村文化基础设施，如文化活动中心、图书馆、网络等；第三，有助于提高农民素质的农村文化活动，如科技培训、劳动技能培训和读书看报等；第四，需要予以保护和发展的本土文化和传统文化，如民俗艺术、民间工艺等。符合以上四个方面的农村文化，均属于农村公共文化领域。

重建农村公共文化生活非常重要

改革开放以来，我国农村文化发展总体上呈现两大特点：一是农村社会经济快速发展，农村文化发展相对滞后；二是农村“私性文化”不断发展，农村公共文化日渐衰落。究其原因，农村公共文化产品供给不足以及农村教育发展滞后等因素导致农村公共文化生活面临困境。因此，重建农村公共文化生活，使农村公共文化服务运转起来，不但十分必要，而且愈发紧迫。

2. 农民朋友可以享受的国家农村基本公共文化服务

国家着力健全农村公共文化服务体系

中共中央、国务院印发的《乡村振兴战略规划（2018—2022年）》指出，健全农村公共文化服务体系主要指：推动县级图书馆、文化馆总分馆制，发挥县级公共文化机构辐射作用，加强基层综合性文化服务中心建设，实现农村两级公共文化服务全覆盖，提升服务效能；完善农村新闻出版及广播电视公共服务覆盖体系，推广数字广播电视，探索农村电影放映的新方法、新模式，推进农家书屋延伸服务和提质增效；继续实施公共数字文化工程，积极发挥新媒体作用，使农民群众能便捷获取优质数字文化资源；完善农村公共体育服务体系，推动农村健身设施全覆盖。

农民朋友可以免费享受的农村基本公共服务

按照《国家基本公共文化服务指导标准（2015—2020年）》的要求，农民朋友可以享受的农村基本公共文化服务主要有：

①读书看报。公共图书馆（室）、文化馆（站）和村（社区）（村

指行政村，下同）综合文化服务中心（含农家书屋）等配备图书、报刊和电子书刊，并免费提供借阅服务。

②观看电视、收听广播。通过直播卫星为偏远地区提供电视广播节目。

③观赏电影。为农村群众提供电影放映服务，其中每村每月1场电影。为中小学生每学期提供2部爱国主义教育影片。

④送地方戏。根据群众实际需求，采取政府采购等方式，为农村乡镇每年送戏曲等文艺演出。

⑤设施开放。免费开放公共图书馆（室）、文化馆（站）、农村文化记忆展馆等公共文化设施，为未成年人、老年人、现役军人、残疾人和低收入人群提供便利条件。

⑥文体活动。城乡居民依托村（社区）综合文化服务中心、文体广场、公园、健身路径等公共设施，就近方便参加各类文体活动。各级文化馆（站）等开展文化艺术知识普及和培训，培养群众健康向上的文艺爱好。

⑦文化设施。辖区内设立公共图书馆（室）、文化馆（站），乡镇（街道）设置综合文化站，按照国家颁布的建设标准等进行规划建设。有条件的情况下，依据国家有关标准规划建设公共博物馆、公共美术馆。结合基层公共服务综合设施建设，整合闲置中小学校等资源，在村（社区）统筹建设综合文化服务中心，因地制宜地配置文体器材。县级以上设立公共体育场，乡镇（街道）和村（社区）配置群众体育活动器材设备，或纳入基层综合文化设施

整合设置。

⑧流动设施。根据基层实际，配备用于图书借阅、文艺演出、电影放映等服务的流动文化车，开展流动文化服务。

⑨辅助设施。根据实际需要，各级公共文化设施为残疾人配备无障碍设施，有条件的配备安全检查设备。

⑩人员配备。县级文化机构按照职能、当地人力资源和社会保障部门等核准的编制数配齐工作人员。乡镇综合文化站每站配备有编制人员1～2人，规模较大的乡镇适当增加人员。村（社区）公共服务中心设有由政府购买的公益文化岗位。

⑪业务培训。县级公共文化机构从业人员每年参加脱产培训时间不少于15天，乡镇（街道）和村（社区）文化兼职人员每年参加集中培训时间不少于5天。

3. 农村传统文化

孝道文化

中国传统孝道文化是一个复合概念，内容丰富，涉及面广。既有文化理念，又有制度礼仪，其内容主要包括敬亲、奉养、侍疾、立身、谏诤、善终6个方面。

①敬亲。古人有云“百善孝为先”，传统孝道的精髓在于提倡

对父母首先要“敬”和“爱”，没有“敬”和“爱”，就谈不上孝。孔子曰：“今之孝者，是谓能养。至于犬马，皆能有养，不敬，何以别乎？”也就是说，对待父母不仅仅是物质供养，关键在于要对父母有“爱”，而且这种“爱”是发自内心的真挚的爱。没有这种“爱”，不仅谈不上对父母孝敬，而且和饲养犬马没有什么两样。同时，孔子认为，子女履行孝道最困难的就是时刻保持这种“爱”，即心情愉悦地对待父母。

②奉养。中国传统孝道就是要从物质上供养父母，即赡养父母，“生则养”，这是孝敬父母的最低标准。佛陀在《法句经》中说：“奉养母亲是乐，奉养父亲也是乐。”在《吉祥经》中，佛陀提出诸吉祥之一是奉养父母。古代的佛教经典，把奉养父母解释为提供衣、食、住、药四种生活必需品给父母，以及帮他们洗脚、按摩、擦油和洗澡。

③侍疾。老年人年老体弱，容易得病，因此，中国传统孝道把“侍疾”作为重要内容。“侍疾”就是如果父母生病了，子女要及时送医诊治，并精心照料父母，多给予父母生活和精神上的关怀。

④立身。《孝经》云：“立身行道，扬名于后世，以显父母，孝之终也。”也就是说，做子女的要“立身”并成就一番事业。儿女事业上有了成就，父母就会感到高兴、感到光荣、感到自豪。因此，终日无所事事，一生庸庸碌碌，这也是对父母的不孝。

⑤谏诤。《孝经》指出：“父有争子，则身不陷于不义。故当

不义，则子不可以不争于父……”人非圣贤，孰能无过？父母有过错时子女要及时、适当地对他们进行劝谏。

⑥善终。《孝经》指出：“孝子之事亲也，居则致其敬，养则致其乐，病则致其忧，丧则致其哀，祭则致其严。五者备矣，然后能事亲。”其意为孝子对父母亲的侍奉，在日常家居的时候要竭尽对父母的恭敬，在饮食生活的奉养时要保持和悦愉快的心情去服侍；父母生了病，要带着忧虑的心情去照料；父母去世了，要竭尽悲哀之情料理后事；对先人的祭祀，要严肃对待。

腐朽文化和落后文化

封建主义和资本主义的腐朽思想、殖民文化、邪教、淫秽色情文化等，都属于腐朽文化。腐朽文化的表现形式主要有三种：一是政治思想上的腐朽文化，如封建主义和资本主义腐朽思想、殖民文化等；二是具有严重社会危害性，具有明显的反人类、反社会、反科学特征的邪教文化；三是日常生活中对个人身心健康具有严重危害性的文化，如“黄赌毒”。面对腐朽文化，我们应当坚决抵制，依法取缔。

落后文化，是指带有迷信、愚昧、颓废、庸俗等色彩的文化。落后文化常常以传统习俗的形式表现出来，如看相、算命和看风水等。落后文化是文化糟粕，需要通过科学文化教育，不断予以改造和剔除。因此，与之相应，先进价值观就是面向现代化、面向世界、面向未来的，民族的、科学的、大众的社会主义核心价值观。腐朽文化和落后文化都是文化糟粕，会腐蚀人们的精神世界，侵蚀民族精神，阻碍先进生产力发展，危害社会主义事业。我们应该大力发展先进文化，支持健康有益文化，努力改造落后文化，坚决抵制腐朽文化。

传统优秀文化

传统优秀文化不仅包括民间音乐、民间工艺、民间传说等传统文化艺术形式，还包括村规乡约、伦理观念、道德习俗等传统伦理模式，以及传统精神信仰、乡村精神生活、乡民文化心理等传统文化思想范式。例如，淳朴、仁厚、友善、孝敬老人等传统伦理观念以及注重实际、重义轻利、勤劳节俭等价值观念。

传统优秀文化与农村居民的生活息息相关，融入在人们生活中，人们享受它而不自知。中华传统文化多以节日、古文、古诗、词语、乐曲、赋、民族音乐、民族戏剧、曲艺、国画、书法等为载体。

如何申请物质文化遗产保护

文化遗产包括物质文化遗产和非物质文化遗产。物质文化遗产是具有历史、艺术和科学价值的文物，包括古遗址、古墓葬、古建筑、石窟寺、石刻、壁画、近现代重要史迹及代表性建筑等不可移动文物，历史上各时代的重要实物、艺术品、文献、手稿、图书资料等可移动文物，以及在建筑式样、分布均匀或与环境景色结合方面具有突出普遍价值的历史文化名城（街区、村镇）。下面以传统村落为例，介绍物质文化遗产保护申请流程：

传统村落是指村落形成较早，拥有较丰富的传统资源，具有一定历史、文化、科学、艺术、社会、经济价值，应予以保护的村落。一般应当符合以下基本条件：

一是传统建筑风貌完整。传统建筑集中连片分布或总量超过村庄建筑总量的1/3，或村落范围内具有一定历史、有区域影响、体现地域典型特色的历史建筑、乡土建筑或文物古迹，较完整体现一定历史时期的传统风貌。

二是选址和格局保持传统特色。村落选址具有传统特色和地方代表性，利用自然环境条件，与生产生活密切相关，反映特定历史文化背景。村落格局鲜明体现了有代表性的传统文化，鲜明体现了有代表性的传统生产和生活方式，且村落整体格局保存良好。

三是非物质文化遗产活态传承。村落拥有较为丰富的非物质文化遗产资源，民族或地域特色鲜明，或拥有州级及以上非物质文化遗产代表性项目，传承形式好，至今仍以活态形式延续。

具体申报流程：

传统村落保护名录原则上每年公布一次（具体时间以业务主

管部门通知为准），由乡镇人民政府（街道办事处）以村落或行政村范围内传统建筑保护较为完整、体量较大的自然寨为单位向县（市）住建局提出申请，县（市）住建局会同县（市）文旅广电局、财政局、自然资源和规划局、农业农村局、民宗局等部门对申报村落进行初审，报县（市）人民政府审核合格后，将初审名单上报至省住建局；省住建局组织专家评审，形成拟列入省级传统村落保护名录范畴的村寨名单，并在省住建局网站公示7天。

申请非物质文化遗产保护有什么好处，如何申请

非物质文化遗产（简称“非遗”）分类包括：民间文学（Ⅰ），传统音乐（Ⅱ），传统舞蹈（Ⅲ），传统戏剧（Ⅳ），曲艺（Ⅴ），传统体育、游艺与杂技（Ⅵ），传统美术（Ⅶ），传统技艺（Ⅷ），传统医药（Ⅸ），民俗（Ⅹ）。

申请非遗的好处：一是国家存档备案，当地政府为其宣传；二是国家提供活动经费补贴以及活动场地；三是可凭借传统医药非遗传承人的身份申报专长医师；四是同一种项目技术在同一个地区只能有一位传承人；五是对企业政府提供政策扶持；六是对于国家级非遗项目，国家给予保护；七是非遗优于专利知识产权；八是有利于企业文化塑造；九是提高企业荣誉及社会认知程度。

如何申请非物质文化遗产？非遗申报是逐层上报的，目前分为国家级非物质文化遗产代表性项目（传承人）和省级、市级、县

（区）级非物质文化遗产代表性项目（传承人）。若目前还不是非遗代表性项目或传承人，则需要从县（区）级开始申报。与县（区）级的文化部门联系，文化部门审核后填写申报文本，包括项目信息、历史、特色、文化影响、传承谱系及传承人的相关信息等（有标准文件格式），还包括一些实践的照片等佐证文件。部分地区还需要制作申报录像片，作为评定的辅助材料。县（区）级文化部门提交推荐表，然后公示。接下来会请相关专家进行每年新申报项目的集中评定，根据项目相关材料评定项目及传承人是否具备成为代表性项目、传承人的资格，然后由相关行政部门公布结果。市级、省级、国家级的申请流程基本一样，但材料都是由基层文化部门向上提交。

近三年关于农村文化的主要政策指引

2020年中央一号文件第十二条指出：改善乡村公共文化服务，推动基本公共文化服务向乡村延伸，扩大乡村文化惠民工程覆盖面。鼓励城市文艺团体和文艺工作者定期送文化下乡。实施乡村文化人才培养工程，支持乡土文艺团组发展，扶持乡村非遗传承人、民间艺人收徒传艺，发展优秀戏曲曲艺、少数民族文化、民间文化。保护好历史文化名镇（村）、传统村落、民族村寨、传统建筑、农业文化遗产、古树名木等。以“庆丰收、迎小康”为主题办好中国农民丰收节。

2021年中央一号文件第二十五条指出：加强新时代农村精神文明建设。弘扬和践行社会主义核心价值观，以农民群众喜闻乐见的方式，深入开展习近平新时代中国特色社会主义思想学习教育。拓展新时代文明实践中心建设，深化群众性精神文明创建活动。建强用好县级融媒体中心。在乡村深入开展“听党话、感党恩、跟党走”宣讲活动。深入挖掘、继承创新优秀传统乡土文化，把保护传承和开发利用结合起来，赋予中华农耕文明新的时代内涵。持续推进农村移风易俗，推广积分制、道德评议会、红白理事会等做法，加强高价彩礼、人情攀比、厚葬薄养、铺张浪费、封建迷信等不良风气治理，推动形成文明乡风、良好家风、淳朴民风。

2022年中央一号文件第二十七条指出：整合文化惠民活动资源，支持农民自发组织开展村歌、“村晚”、广场舞、趣味运动会等体现农耕农趣农味的文化体育活动。办好中国农民丰收节。加强农耕文化传承保护，推进非物质文化遗产和重要农业文化遗产保护利用。

推广积分制等治理方式，有效发挥村规民约、家庭家教家风作用，推进农村婚俗改革试点和殡葬习俗改革，开展高价彩礼、大操大办等移风易俗重点领域突出问题专项治理。

看看人家

安徽省休宁县儒村：用好“一约四会”树立文明乡风

儒村位于安徽省休宁县蓝田镇北部，紧邻世界名山——黄山，与世界文化遗产地——宏村、西递接壤。近年来，蓝田镇儒村认真贯彻落实中央关于农村文化振兴相关部署要求，坚持以人为本，大力推进移风易俗，积极培育文明新风，倡导推广“一约四会”模式，并将“一约四会”打造成加强和改进农村基层思想政治工作的有效载体，激活群众的内生动力，为乡村振兴“塑形”“铸魂”。

“一约”是指村规民约，是村民群众在村民自治的起始阶段，依据党的方针政策和国家法律法规，结合本村实际，为维护本村的社会秩序、村风民俗、精神文明建设等方面制定的约束，规范村民行为的一种规章制度。

"四会"是指红白理事会、村民议事会、道德评议会、禁毒禁赌会，是在充分调动党员干部群众积极性的基础上，通过村民代表大会公开推选具有较高群众威信的党员代表、乡贤、"五老"人员等组织建立的村民自治组织。根据各村实际制定相关章程，明确各自的组织形式、办事流程、工作范围、操办事务等。

近年来，儒村为大力推动移风易俗、弘扬时代新风，遏制婚丧嫁娶大操大办、铺张浪费等不良风气，以及乱砍滥伐、网鱼电鱼、焚烧秸秆等不文明行为，在原有基础上规范制定章程、管理办法及队伍建设。

一是立约。召开村民代表大会，确立村规民约，推选文明理事会，建立健全"一约四会"制度，遏制铺张浪费、虚荣攀比、不孝父母等一些不良风气，把村规民约的"自治"精神融合到农村治理当中，让群众真正成为新风的制定者、执行者、评议者和受益者，做到自我管理、自我约束、自我提高。

二是传约。为引导群众在日常生活中遵约践约，在儒村设立"文化墙"，对文明理事会具体内容进行张榜公示，对大到乱砍滥伐、网鱼电鱼，小到红白宴等各个方面作出明确要求。比如，规定婚丧嫁娶宴席标准不超过300元，礼金不超过200元；婚事一天办结不补场，丧事及时入葬不烦扰邻里；红白事不放烟花爆竹，不请乐队表演，不影响交通等，并逐步在蓝田镇其余各村推广。

三是践约。切实发挥"一约四会"制度的作用，每个片区一旦有事发生，涉事人员须向包片理事反映告知，包片理事在登记后及时报知村文明理事会，文明理事会立即召开会议共同研究，依照本村文明理事会章程规定解决问题。就拿红白喜事来说，仅2021年以来，就先后帮助20余户农户简办红白喜事，爆竹燃放较往年减少约2/3，使村民实实在在地受益，凝聚起推动移风易俗的正能量。

在推动农村移风易俗和文明乡风建设工作中，儒村党组织依托村民代表大会成立“一约四会”，让村民自己选会长、立村规、定民约，评好人、做好事，刹歪风、破陋习，使农民群众成为培育乡风文明、加强农村治理的中坚力量，为做好农村思想政治工作奠定了坚实的群众基础。

（摘自农业农村部网站，2021年11月22日，有删改）

十　农村殡葬服务

1. 农村土葬问题

土葬形式有哪些弊端

“土葬” 作为一项千百年来沿袭至今的传统习俗，寄托了人们太多的“情感变迁”。老话讲“入土为安”，在全国90%以上的农村地区，“土葬” 作为一种“特有” 的丧葬文化流传至今且深入人心。然而，随着时间的推移，土葬的弊端日益凸显，具体表现在如下几个方面：

①破坏耕地，造成耕地资源的无故浪费，不利于规模化生产，阻挠农业经济发展。

②棺材既耗费大量木材，又浪费金钱，与绿色殡葬相比，既不环保又不实惠。

绿色殡葬：是一种以树代碑、骨灰直接葬入树下或草坪中的新型葬法，既符合“入土为安”的传统习俗，同时也能避免浪费耕地，从环保的角度而言，值得大范围推广。

③殡葬习俗乱象丛生，丧事喜办、厚葬薄养、二次棺葬等干扰社会风气，影响农民幸福生活。

丧事喜办。不同的地区有着不同的丧事流程与传统习俗，但基本上都比较严肃、庄重，以表示对逝者的尊重。然而，现如今“丧事喜办”的现象层出不穷，要么是劲歌热舞，要么是低俗表演，让传统文化“蒙羞”。针对这种现象，国家在《关于进一步推动殡葬改革促进殡葬事业发展的指导意见》中明确指出要继续推动殡葬改革，破除丧葬陋俗，对“丧事喜办”行为严加整治，树立丧葬习俗新风尚。

厚葬薄养。何为厚葬薄养？简单来说，就是长辈在世时不好好赡养，却等到其去世后风光大葬，以彰显所谓孝心。毫无疑问，这与国家所推崇的“厚养薄葬”恰恰相反。据了解，农村“厚葬薄养”的现象日益盛行，形成了一种极坏的社会风气，这也是殡葬改革移风易俗的重点。

二次棺葬。“二次棺葬”是部分地区全面推行丧葬改革，用“火葬”取代“土葬”之后的新兴产物。由于95%以上的农村人不接受或者拒绝火葬，他们会在火葬之后将骨灰重新放入棺材进行“二次土葬”。毋庸置疑，“二次棺葬”与土葬类似，同样会浪费耕地资源。

针对“二次棺葬”，像河南省、河北省、黑龙江省等地域已经采取了相对应的整治措施。在江西省瑞昌市，从2019年5月1日开始已经全面取消“二次棺葬”，并进一步深化殡葬制度改革，推动移风易俗，倡导生态安葬。

推行丧葬制度改革是时代发展的必然，也是整顿歪风习俗的有效措施。有人称，丧葬改革是一场“文明革命”，通过火葬改革、生态安葬、移风易俗等举措的落实，农村的丧葬制度与现象将会更加规范，传统的殡葬陋习也会被逐渐取缔。未来生态安葬将成为人们情感认同的“主流”治丧习惯，而人与环境毫无疑问也将成为丧葬改革的受益者。

哪些地方不能修坟墓

按照相关政策，在“三沿六区”范围内是禁止修建坟墓的。“三沿”是指：铁路沿线、公路主干（包括高速公路、国道、市道）沿线和河道沿线；“六区”是指：风景名胜区（包括城市公园）、文物保护区、农田保护区（主要指耕地）、饮用水源保护区（水库、河流）、城镇建成（规划）区和自然保护区（包括林地）。

2. 农村殡葬改革

殡葬改革是通过消除、移除群众丧葬迷信，慢慢让人们接受科学、简朴的丧葬，同时避免铺张浪费。在不同的地区，改革目的不一样。以中原地区为例，中原地区土地肥沃，如果土地上有一个坟头就会占用肥沃的土地，造成浪费；如果有大量坟头，就会造成大量肥沃土地的浪费。

我国农村地区依然还存在着大量的分散坟墓，这些坟墓占用了大量土地，那么对这些原来的坟墓该如何处理呢？殡葬改革新规对此提出了三个意见措施：第一个是集体迁坟。由村里统一在不适合耕种的荒地上划出一片地方，将原有的坟墓统一迁在一起。第二个是无主坟墓的处理。每个村子都会有相当一部分年代久远且无人祭拜的坟墓，对于这些无主坟在经过一些走访调查并且公示后进行统一处置。第三个是暂时保持现状。一些根深蒂固的思想需要较长时间的教育才能够去除，使丧葬都能够按照国家规定来实施，尽量减少新增坟墓数量。

看看人家

广东已全面实施城乡居民殡葬7项基本服务免费政策

近年来，广东注重突出殡葬基本公共服务公益属性，全面深化殡葬改革、规范殡葬管理、增加服务供给、提升服务质量，全省殡葬事业取得了长足发展。全省全面实施由政府免费提供的城乡居民殡葬 7 项基本服务。广州、深圳、佛山、惠州、东莞、湛江、茂名等市免费对象范围扩大到非户籍人口。部分地区实施免费安葬（放）政策。

“十三五”期间，全省共免费提供基本殡葬服务 223 万宗，免除费用总额 27 亿元，有效减轻群众丧葬负担。未来广东将继续鼓励有条件的地区适当增加服务项目、提高服务标准、免费安葬（放），进一步提升基本殡葬服务惠民力度。

（摘自广东省人民政府网站，2022 年 4 月 1 日，有删改）

3. 殡葬服务收费

殡葬服务收费标准

国家发展改革委、民政部发布的《关于进一步加强殡葬服务收费管理有关问题的指导意见》根据殡葬服务需求特点，将殡葬服务区分为基本服务和延伸服务。基本服务的收费标准实行政府定价，由各地价格主管部门会同有关部门在成本监审或成本调查的基础上，考虑财政补贴情况，按照非营利原则从严核定；延伸服务则由各地根据本地情况实行政府指导价。

基本服务主要包括遗体接运（含抬尸、消毒）、存放（含冷藏）、火化、骨灰寄存等必需的服务。各地可在此基础上根据本地区实际情况，合理确定基本服务范围，切实满足当地群众最基本需要。例如，广东省殡葬基本服务项目包括遗体接运（普通殡葬专用车）、遗体消毒、遗体存放、遗体告别厅租用（小型告别厅）、遗体火化（普通火化炉）、骨灰盒（盅，简易标准型）、骨灰寄存等7项。

在保证基本服务供给规模和质量的前提下，殡葬服务单位可以根据实际情况，适当开展延伸服务。延伸服务是指在基本服务以外、供群众选择的特殊服务，包括遗体整容、遗体防腐、吊唁设施及设备租赁等。

考虑到殡仪馆销售的殡葬用品具有较小的选择性，要求对殡仪馆销售的骨灰盒、花圈、寿衣等殡葬用品依法实行政府指导价或采取其他必要方式管理。

在规范各类公墓价格方面，要求各地加强对经营性公墓定价行为指导规范：对价格明显偏高的，必要时要依法进行干预和管理；对公益性公墓收费标准采取严格的政府定价管理，实行低收费政策，满足群众基本需求。

殡葬服务收费监管

（1）价格和收费公示制度

各地民政部门必须建立殡葬服务收费标准和殡葬用品价格公示体系，通过本部门网站或其他载体将本地区殡仪馆和公墓的收费项目、收费标准（价格）进行公示，为群众监督、选择提供方便。殡葬服务单位要认真执行收费公示制度，在服务场所显著位置公布服务项目、收费标准、文件依据、减免政策、举报电话、服务流程和服务规范等内容，广泛接受社会监督。

（2）规范殡葬服务收费行为

殡葬服务单位在提供服务过程中，应遵守国家有关政策规定，严格规范服务和收费行为。要引导群众理性消费和明白消费，不得违反公平自愿原则及以任何形式捆绑、分拆或强制提供服务并收费，也不得限制或采取增收附加费等方式变相限制丧属使用自带骨灰盒等文明丧葬用品。除法律法规规定以及合同约定外，严禁公墓经营单位向公墓租赁人额外收取其他任何费用。在提供骨灰存放格位、殡葬用品时，要注重满足中低收入群众的需要。

广东省殡葬服务项目及部分项目收费标准表

殡葬服务	具体内容	管理方式
殡葬基本服务	1. 遗体接运（普通殡葬专用车）	省级政府部门制定标准
	城区内	
	农村、跨市（县）	
	2. 遗体火化（普通火化炉）	省级政府部门制定标准
	一级殡仪馆	
	二级殡仪馆	
	三级殡仪馆	
	未上等级殡仪馆	
	3. 骨灰寄存	省级政府部门制定标准
	4. 遗体消毒	授权市、县人民政府制定标准
	5. 遗体存放	授权市、县人民政府制定标准
	6. 遗体告别厅租用（小型告别厅）	授权市、县人民政府制定标准
	7. 骨灰盒（盅，简易标准型）	授权市、县人民政府制定标准
殡葬选择性服务	殡葬基本服务以外的其他服务项目	市场调节价
公墓服务	1. 公益性公墓（骨灰楼堂）和未通过“招拍挂”方式竞得土地的经营性公墓	授权市、县人民政府制定标准
	（1）墓穴费	
	（2）墓碑石费	
	（3）护墓管理费	
	2. 通过“招拍挂”方式竞得土地的经营性公墓	市场调节价
殡葬用品	租用纸（绢）花圈	授权市、县人民政府制定标准
	其他殡葬用品	市场调节价

说明：表中“最高收费标准”为《广东省民政厅 广东省财政厅印发〈关于全省城乡居民殡葬基本服务由政府免费提供的实施方案〉的通知》免费殡葬基本服务范围之外的最高收费标准

计费单位	最高收费标准	备注
		1. 按行政事业性收费管理，执行原省物价局、省财政厅《关于调整我省殡葬基本服务收费标准的复函》规定标准。 2. 规定实行免费保障对象除外。
元 / 具	180	
元 / 具 · 公里	3.5（每具收费不低于 120 元，以来回程距离计算）	
元 / 具	250（含骨灰清理、包装）	
元 / 具	230（含骨灰清理、包装）	
元 / 具	215（含骨灰清理、包装）	
元 / 具	200（含骨灰清理、包装）	
元 / 格位 · 年	70（含管理费；寄存在殡仪馆内的骨灰楼或骨灰堂）	
		《广东省民政厅　广东省财政厅印发〈关于全省城乡居民殡葬基本服务由政府免费提供的实施方案〉的通知》规定实行免费保障对象除外。
		《广东省民政厅　广东省财政厅印发〈关于全省城乡居民殡葬基本服务由政府免费提供的实施方案〉的通知》规定实行免费保障对象除外。
		《广东省民政厅　广东省财政厅印发〈关于全省城乡居民殡葬基本服务由政府免费提供的实施方案〉的通知》规定实行免费保障对象除外。
		《广东省民政厅　广东省财政厅印发〈关于全省城乡居民殡葬基本服务由政府免费提供的实施方案〉的通知》规定实行免费保障对象除外。
		殡仪馆（火葬场）提供

后 记

时光荏苒，距离第一次讨论策划已经过去了大半年，书稿也终于杀青，悬着的心也算是终于放下。

我出生在新疆温泉，两岁多就回到家乡河南的一个小县城，农村于我而言只是个毫无瓜葛的符号。读高中的时候有几个要好的高中同学倒是农村来的，他们都住校，每天早上下了早自习不回家，在学校的食堂排队打饭。有一次因为时间仓促来不及回家，我也和他们一起排队打饭。看到他们打5毛钱两个馒头还有2毛钱的青菜，我感觉到农村孩子生活的艰辛。

再后来，我来广东读大学，专业学的是农村金融，但最终也没能回到农业银行工作，和农村又一次失之交臂。好在大学时代还参与过一些农村社会保障的调研，对于农村、农民的生活有点滴了解，也萌生了要为他们做些什么的想法。

回望过去，虽然写作过程算不上顺利，但是当我假想能为农民兄弟了解农村公共服务政策提供点帮助，心里还是很欣慰的，也算是功德无量的一件善事。相比于两年前的《农村民生利益百问百答》一书，《乡村公共服务百事通》主要聚焦教育和养老方面，保留改写了教育、医疗、住房、交通等部分内容，增加养老、水电气、体育、文化、有线电视、上网、邮政快递、农资、电话通信、殡葬等公共服务内容。后面新增的部分由在省直研究机构从事农业和农村经济等领域研究的周海英同志来完成。从个人的角度看，本书对于公共服务的理解或许还不够完善，但却重点突出，纲举目张，可以认为是《农村民生利益百问百答》的系统升华版。

我是个懒惰的人，写文章真不太擅长，每次写好以后拿给编辑部李老师，书稿的文字都会被改得“遍体鳞伤”，让人看着有点尴尬，像是小学生没有背好文章，偏偏先生至为严苛。在此次写作伊始，由于个人原因，缺席了书稿策划会，最终三易其稿，何丞师兄的严谨令我记忆犹新。

成书之际，要感谢的人有很多。感谢上天让我遇见何丞师兄，从而给我两次得以学习农村福利政策的机会；感谢周海英同志，他默默承担了本书稿大部分的内容，不计名利，令人钦佩；感谢我的家人，她们理解我并为我的写作创造了良好的环境。

往事已矣，只愿若有来生，也能做一回真真正正的农民，一个中国特色社会主义新农村的农民！

盖翊中

2023年2月